ALFREDO ROMANO

Regione Siciliana
Assessorato BB. CC. AA. e P.I.

Comune di Siracusa
Assessorato ai Beni Culturali

ALFREDO ROMANO
Galleria civica d'arte contemporanea
Montevergini, Siracusa
19 gennaio-28 febbraio 2002

in collaborazione con
with the collaboration of
Promart Giorgio Persano, Torino

Iniziativa promossa da / on the initiative of

Regione Siciliana
Assessorato ai Beni culturali, Ambientali e
Pubblica Istruzione / Councillor for Cultural
and Environmental Heritage and Education
Fabio Granata

Comune di Siracusa
Sindaco / Mayor
Giambattista Bufardeci
Assessore ai Beni Culturali / Councillor for
Cultural Heritage
Mario Cavallaro

GALLERIA CIVICA D'ARTE CONTEMPORANEA
MONTEVERGINI
Istituzione comunale / Civic Institution

Amministrazione / Administration
Funzionario Responsabile
Angelo Ciurcina

Direttore artistico / Artistic Director
Salvatore Lacagnina

Segreteria / Secretarial staff
Simona Sapienza
Patrizia Tricoli
Nadia Di Noto

ESPOSIZIONE / EXHIBITION

Organizzazione / Organizers
Marcia Wallace
(Promart Giorgio Persano, Torino)
Priscilla Sorvillo
(Promart Giorgio Persano, Torino)

Ufficio Stampa / Press Office
Salvatore Vecchio

Allestimento / Display
Giuseppe Armenia
Claudio Cannata
Angelo Scaglione
con la collaborazione di / with the
collaboration of
Adriana Musso
Rosa La Braca
Maria Cassone
Grazia Lauretta
Laura Mazza
Silvia Sireci
Antonella Di Pasquale
Luca Scamporlino
Stefano Campioni
Antonio Neri

Allestimento luci / Lighting
Emiliano Fraggetta, Siracusa

Trasporti / Shipping Company
Musso Trasporti, Torino

Sorveglianza / Security
Coop. Util Service, Siracusa - LSU,
Siracusa
Progresso Ibleo, Siracusa

Si ringraziano / Acknowledgements
La Napoule Art Foundation, Château de La
Napoule
Galleria Arco di Rab, Roma
Galeria Luis Adelantado, Valencia
Galería Oliva Arauna, Madrid
Galerie Patricia Schwarz, Stuttgart
Ileana Tounta Contemporary Art Center,
Athens
X Gallery, Athens
Associazione degli amici dell'Eremo di
Santa Caterina, Rio nell'Elba

Un ringraziamento speciale alla Galleria
Giorgio Persano di Torino che ha messo a
disposizione le opere necessarie a questa
mostra / Our special gratitude goes to the
Galleria Giorgio Persano, Turin, which lent
all the works in the exhibition

E inoltre al Sovrintendente per i Beni
Artistici e Ambientali di Siracusa Giuseppe
Voza e all'architetto Mariella Muti, che
hanno reso possibile l'esposizione
dell'opera Madonnina sulla facciata di
Montevergini / We would also like to
thank the Superintendent of the Arts and
Environment of Syracuse, Giuseppe Voza
and the architect Mariella Muti for
implementing the installation of the work
Madonnina on the façade of Montevergini

Si ringraziano per la collaborazione / Our
thanks to the following for their various help
Orazio Pistorio
Giorgia e Cristina Romano
Alessandro Speranza

CATALOGO / CATALOGUE

Testi / Texts
Elio Cappuccio
Francesco Gallo
Agnes Kohlmeyer
Salvatore Lacagnina
Enrico Pedrini
Alfredo Romano

Traduzioni / Translations
Harriet Graham
Marcia Wallace

Ricerca biografica / Biographical research
Priscilla Sorvillo (Promart Giorgio Persano,
Torino)

Crediti fotografici / Photographic credits
La mostra alla Galleria civica d'arte
contemporanea Montevergini è stata
fotografata da Paolo Pellion, Torino / The
exhibition at the Galleria civica d'arte
contemporanea Montevergini has been
photographed by Paolo Pellion, Turin

Ideazione grafica / Design
hopefulmonster

Fotolito / Photolithograph
Fotolito FB, Torino

Stampa / Printing
Garabello Artegrafica, San Mauro, Torino

CD audio allegato / Audio CD included
Tracce 1-22: vedi immagini a pp. 34/37.
Tracce 23-35: vedi immagini a pp. 38/39.
Traces 1-22: see images pp. 34/37.
Traces 23-35: see images pp. 38/39.

Licence sounds *Genesis 1.3*:
ACROE, Grenoble
Production & mixage:
Accademia Internazionale Arti e Media,
Torino

Edizione / Edition
hopefulmonster
via Santa Chiara 30/F
10122 Torino
tel. +39.011.4367197
fax +39.011.4369025
e-mail: info@hopefulmonster.net
www.hopefulmonster.net

ALFREDO ROMANO

hopefulmonster

Durante l'ultimo anno, l'Amministrazione comunale ha profuso un impegno notevole per dare slancio alla vita culturale della città di Siracusa, rivolgendo l'attenzione alla creatività artistica contemporanea, con la riapertura della Galleria civica d'arte contemporanea Montevergini. È stato dunque naturale offrire l'opportunità di esporre il proprio lavoro nella sua città natale ad Alfredo Romano, artista siracusano che ha saputo affermare la propria ricerca sulla scena artistica internazionale in oltre vent'anni di attività.
Il progetto di Montevergini, giunto con questa iniziativa alla sua terza mostra, assume caratteri sempre più precisi, nel sostegno necessario alla cultura siracusana e nel parallelo confronto con le più attuali esperienze artistiche che si svolgono sulla scena nazionale e internazionale. Soltanto il dialogo e lo scambio di esperienze con l'esterno possono offrire oggi ai cittadini siracusani, e ai giovani in particolare, la possibilità di ridefinire un'identità culturale da prospettive e punti di vista sempre nuovi, moderni e attuali.

Giambattista Bufardeci
Sindaco di Siracusa

Dopo diciassette anni, l'artista siracusano Alfredo Romano ritorna ad esporre i suoi lavori a Siracusa. Siamo molto lieti di potere ospitare una scelta di opere prodotte negli ultimi dieci anni in uno spazio di grande bellezza nel centro storico di Ortigia. Romano, d'altra parte, non ha mai voluto abbandonare la sua città di origine e riteniamo un gesto necessario, da parte della città, quello di proporre a un vasto pubblico di concittadini l'attività di questo artista che ha saputo esportare, con il suo lavoro, l'immagine della nostra città e della Sicilia in tutta Europa.
La ricerca di una forma che raccolga al proprio interno le lacerazioni, le ambivalenze, le tensioni tipiche della cultura moderna, incapace di dare un volto unitario all'esistenza, nasce nel lavoro di Romano da una riflessione attenta sulle proprie radici culturali. Proprio la Sicilia, sua terra d'origine, crocevia di civiltà e culture diverse, offre all'artista la possibilità di una visione concorde con le più fertili ricerche contemporanee, ma non per questo sradicata e priva di relazioni profonde con la storia e la tradizione antichissima della cultura mediterranea.

Mario Cavallaro
Assessore ai Beni Culturali di Siracusa

Una politica culturale intesa a ricondurre la Sicilia al centro del dibattito culturale contemporaneo deve necessariamente passare attraverso la rivisitazione della propria identità culturale.
È per questa ragione che riteniamo necessario sostenere l'attività di quegli artisti e intellettuali che meglio contribuiscono, con il loro lavoro, a creare un'immagine della Sicilia nuova e vitale, seppure radicata nella tradizione, non solo artistica ma soprattutto antropologica della nostra Regione.
In questo senso, l'opera di Alfredo Romano interpreta proprio le tensioni, la problematicità, le contraddizioni tipiche della cultura siciliana, attraverso un linguaggio altamente metaforico, nel quale emerge un'idea di 'sicilianità' che non è mai facile cliché superficiale.
Abbiamo dunque ritenuto opportuno promuovere la mostra di questo artista al quale chiediamo ancora immagini e spunti per proseguire in questa ricerca di identità collettiva, che una regione come la Sicilia è oggi chiamata a compiere, perché nell'epoca del villaggio globale non vadano disperse le qualità distintive della nostra tradizione.

Fabio Granata
Assessore ai Beni Culturali, Ambientali e della Pubblica Istruzione della Regione Siciliana

Alfredo Romano
Texts 1985-1995

My work is characterised both by complexity and profundity; there is not a procedure towards reduction or simplification, but towards complexity with its connections and correlations, as an existential occurrence which questions content, a critical approach to today's culture. In this sense I have always hoped to distance my work from problems of an aesthetic nature, trying to bring it closer to problems concerning its relation with the world, with our human condition. My approach with conceptual concerns and with reality is contradictory. I try to formalise an image capable of containing an intimacy, an unease and at the same time a tension deriving from the impossibility of positioning these in space, in time, in contemporaneity.

My belonging to a great culture influences me greatly. My work stems from this necessity to belong, from the desire to reinterpret the history of painting and our cultural tradition. I love artists who have shown in their work a great tension and also a literature and a poetry with the same characteristics. Freedom of movement demonstrates the need for second thoughts, the consciousness of a way ahead which is not possible.

Alfredo Romano
Testi 1985-1995

Nel mio lavoro sono presenti la complessità, la profondità; non v'è una procedura verso la riduzione, o la semplificazione, ma verso la complessità con le sue connessioni e correlazioni, come accadimento esistenziale che pone in discussione il contenuto, un approccio critico alla cultura odierna. In questo senso ho sempre sperato di allontanare il mio lavoro dai problemi di natura estetica, cercando di condurlo vicino ai problemi connessi con la sua esistenza con il mondo, con la nostra condizione umana. Il mio approccio col mentale e col reale è contraddittorio. Il mio tentativo è quello di formalizzare un'immagine che abbia dentro un'intimità, un disagio, la tensione dell'impossibilità di porli nello spazio, nel tempo, nella contemporaneità. L'appartenenza ad una grande cultura mi condiziona fortemente. Il mio lavoro nasce da questa necessità di appartenenza, dalla volontà di una rilettura della storia della pittura e della nostra tradizione. Amo gli artisti che hanno manifestato nel loro lavoro una forte tensione ed anche una lettura ed una poesia che abbiano la stessa caratteristica. La libertà di spostamento testimonia la necessità di un ripensamento, la coscienza di un percorso che non è futuribile.

Alfredo Romano non ha mai voluto lasciare Siracusa, sua città natale, dove sono nati e si sono formati tutti i suoi lavori. Il suo studio, da molti anni, si trova a pochi passi da Montevergini, nel vecchio ospedale abbandonato delle Cinque Piaghe. Romano gira Ortigia in lungo e in largo, raccoglie materiali, immagini, suggestioni. Sente che il mondo intorno a sé ha bisogno di essere custodito, che le memorie e le storie dei suoi *luoghi* non possono andare semplicemente disperse. L'idea della catalogazione, della conservazione è per Romano un'ossessione che si trasfigura in opere in cui emerge a volte la violenza della perdita, altre volte la gioia e la delicatezza del proteggere e custodire qualcosa di fragile e di sconosciuto, immagini e oggetti che appartengono alla memoria collettiva della città ma che la comunità ha dimenticato.

Romano non ha mai lasciato Siracusa perché è tra le sue strade, i suoi edifici abbandonati, nelle incredibili, spesso dolorose, contraddizioni di questa città e della Sicilia intera che il suo lavoro trae linfa vitale.

Allestire la sua mostra è stato un modo per riscoprire Ortigia, per conoscere la sedimentazione del tempo e degli avvenimenti che hanno attraversato lo stesso luogo espositivo di Montevergini. Un ex-convento dove molte sue opere sono state concepite, quando Montevergini era un rudere meraviglioso, un ricordo perduto che l'artista esplorava in ogni suo angolo rintracciando la storia della sua città e della sua gente.

Per questa ragione ho chiesto ad Alfredo di immaginare un'opera che ridesse vita agli edifici abbandonati che circondano i cortili di Montevergini. Ed egli ci ha offerto ancora un'immagine in cui le stanze del vecchio ospedale si rianimano con un percorso di luci di grande intensità.

È stato un grande piacere, dunque, mostrare ai siracusani stessi una Siracusa sconosciuta o dimenticata; una Sicilia, se si vuole, che non si rassegna a una condizione periferica, ma che ha nella propria storia, nella propria cultura, nella propria memoria gli elementi per realizzare una sintesi attualissima di significati e di visioni sull'uomo e sul mondo contemporanei.

Il mio ringraziamento va dunque ad Alfredo Romano per la sua professionalità e il tempo impiegato a realizzare questa mostra nel migliore dei modi; a Giorgio Persano, suo gallerista da lungo tempo, per l'impegno profuso in questa iniziativa, all'Assessore regionale ai Beni Culturali, Ambientali e della Pubblica Istruzione Fabio Granata che ancora una volta ha sostenuto l'attività di Montevergini; al Sindaco Giambattista Bufardeci, all'Assessore ai Beni Culturali Mario Cavallaro e all'Amministrazione tutta per il lavoro svolto in questi mesi a sostegno della Galleria civica d'arte contemporanea Montevergini.

Salvatore Lacagnina

PAGINE PRECEDENTI / PREVIOUS PAGES
1 Cappella di Santa Lucia, Siracusa
2 Convitto femminile / Women's Boarding School, Siracusa
3 Studio dell'artista / Artist's studio Vecchio ospedale / Old hospital, Siracusa

4 *Feritoie (omaggio a Guttuso)*, 1994
5 *Unto*, 1990

Alfredo Romano has never wanted to leave Syracuse, his native city, where all his works have been created. His studio, for many years, has been situated only a few yards away from Montevergini, in the old abandoned hospital of the Cinque Piaghe. Romano wanders round Ortigia collecting materials, images, suggestions. He feels that the world around him needs to be preserved, that the memories and history of these *places* cannot simply be dispersed. For Romano the idea of catalogation and conservation is an obsession, which is transfigured in works which sometimes evoke the violence of a loss and sometimes convey the joy and delicacy of protecting and preserving something fragile and unknown: images and objects which belong to the city's collective memory but that the community has forgotten.

Romano has never left Syracuse because it is from its streets, from its abandoned buildings and from the incredible, often painful, contradictions of this city and of the whole of Sicily, that his work draws its vital energy.

Mounting his exhibition has been a way of redescovering Ortigia, of getting to know about the sedimentation of time and events which have also involved the exhibiting space of Montevergini. Montevergini was once a convent, and many of his works were conceived when it was still a marvellous ruin, a forgotten memory which the artist explored in every detail, retracing the history of his city and his people.

For this reason I asked Alfredo to imagine a work which could bring back to life the abandoned buildings surrounding the courtyards of Montevergini. He has offered us once more an image in which the rooms of the old hospital are revived by a play of light of great intensity.

It has been a great pleasure therefore, to show to the people of Syracuse an unknown or forgotten Syracuse; a Sicily, let us say, which is not resigned to being at the perifery, but which has in its history, in its culture, in its memory the elements for producing an extremely relevant synthesis of meanings and visions concerning mankind and our contemporary world.

My gratitude goes therefore to Alfredo Romano for his professionality and the time he has devoted to staging this exhibition in the best of ways; to Giorgio Persano, the director of his gallery of reference, for his great committment and support in this initiative; to the regional Councillor for Cultural and Environmental Heritage and Education, Fabio Granata, who once more has supported the activity of Montevergini; to the Mayor Giambattista Bufardeci, to the Councillor of Cultural Heritage Mario Cavallaro and to the entire Administration for the work they have carried out in these months in support of the Galleria civica d'arte contemporanea Montevergini.

Salvatore Lacagnina

6   Studio dell'artista, interno
Artist's studio, interior view
Vecchio ospedale / Old hospital,
Siracusa
7   *Senza titolo*, 1993

A Madonna suspended in midair. Alfredo Romano in Syracuse

Agnes Kohlmeyer and Alfredo Romano

We stand under the white marble Madonna suspended high up on the facade of the Galleria Civica d'Arte Moderna in Syracuse. The gallery is housed in the historical residence of Montevergini, comprising an ex monastery and a very beautiful deconsecrated church of the 17th century.

People really seem to notice her presence; they look up to observe a Madonna in a very singular position. With her thin hands joined in prayer the Madonna lies there stretched out into the void, fixed to the wall only by her feet, as if it were the most natural thing in the world.

People passing in the small street these days seem strangely unaffected by such an unusual vision of a figure otherwise deeply rooted in their everyday lives.

Some pass without even noticing, others instead register her presence, up there attached to the wall, outstreached, just as the artist had intended. Only a few will relate the strange apparition to the exhibition announced at the Galleria Civica.

Yet, even for those who know the reasons she has been brought there, it is still surprising to see the Madonna like this… so helpless, fragile, uncertain in a way, but also as firm and calm as ever, there, in a resting pose, in the lightness of the air, in the luminous blue of a beautiful day in spring in Syracuse.

We finally enter into the gallery's exhibiting space, where Alfredo Romano has finally been granted a large retrospective exhibition by his native city, after the many which have presented his work in Italy and abroad. The interior space is also very beautiful and it is immediately evident that the artist here has tried to create an essential relation between the space and his works. Everything seems to be in place and the architectural elements play a fundamental role in the overall composition of the exhibition. From the very beginning the visitor's attention is drawn to a small aperture protected by a grating, beyond which a first work suddenly appears: a long table covered by numerous white rolls. Each of these marble rolls is enveloped in a black and white photograph, in turn partly covered by a white linen case and all tied by exquisite white satin ribbons…

AK I would like you to tell me the story of this exhibition from the beginning.

AR To start with, for the first time, this exhibition does'nt have a title. Usually when I hold an exhibition I also think of a title for it. But in most cases I'm dealing with private spaces whereas this is a public space, quite a large space as well, and above all a space I'm tied to emotionally, because many of my works were conceived here, for example the rolls. If you look carefully you'll see the photographs of the children of the orphanage which once was housed here.

AK You had been hoping for some time then to have an exhibition in this space, as it's also the city you were born in? You already knew this building, which today has become an exhibiting space and for this reason were hoping to show you work here?

AR I had long hoped for it, since I had my studio right next door. I thought that some day I could perhaps occupy these places with the things that were conceived here and which still maintain a special relation with this place. Yes well, many works were made here, like the *Pasto sordo* (Deaf Meal) of the children of the orphanage. I've collected their photographs over the years, and they've ended up here in these rolls… Through these small fissures I try to perceive an image which probably has something to do with this place.

AK In the sense that this is a work which you have repeatedly shown in other exhibitions also in different versions…

AR No, the work has always remained the same, only the size varies according to the space. Here for example the table is a little longer than in other occasions. The order of things may change a little, but the essence remains.

AK Can we say, then, that in this exhibition you wanted to present your work of the last years? The most important works, which you continue to modify and present in different ways each time? Though this time in a place which is particularly important for you, in your city and in this building which you know so well.

AR Yes, this was very important for me. On the other hand I first saw this space ten years ago,

8 *Madonnina*, 2002

Agnes Kohlmeyer e Alfredo Romano

Ci sistemiamo sotto la Madonnina in marmo bianco, sospesa in alto sul muro della facciata d'ingresso alla Galleria Civica d'Arte Moderna di Siracusa. La Galleria è ospitata nel Complesso di Montevergini, di cui fanno parte un ex monastero e una bellissima chiesa seicentesca sconsacrata.

Sembra davvero che la gente s'accorga della sua presenza; che alzi lo sguardo per osservare una Madonna in una posizione del tutto singolare. Con le mani sottili unite nel gesto della preghiera la Madonna sta là in alto sdraiata nel vuoto, come se fosse una cosa del tutto normale, fissata al muro soltanto per i piedi.

La gente che passa in questi giorni per la stradina sembra stranamente non sorprendersi di questa visione così inconsueta di una figura per altri versi assolutamente connaturata con le abitudini più quotidiane. C'è chi passa senza neppure accorgersi, ed altri invece che registrano la sua presenza, lassù attaccata distesa alla parete, proprio come aveva inteso l'artista. Solo a qualcuno capiterà di pensare che la strana apparizione ha forse qualcosa a che fare con una mostra d'arte annunciata nella Galleria civica.

Eppure, anche per chi conosce le ragioni che l'hanno trasportata fin lì, è pur sempre sorprendente riconoscere la Madonna così... così indifesa, fragile, incerta da un lato, ma anche decisa e calma come sempre, lì, nella sua posizione di riposo, nell'aria leggera, verso il cielo blu di una bellissima giornata di primavera a Siracusa.

Entriamo finalmente nello spazio espositivo della Galleria, dove Alfredo Romano è protagonista di una grande mostra personale che la sua città natale finalmente gli dedica, dopo le tante che ne hanno presentato il lavoro in Italia e in altri paesi. Anche lo spazio interno è bellissimo e si capisce subito che qui l'artista ha cercato di creare un rapporto essenziale tra lo spazio e le sue opere. Tutto sembra al suo posto e gli elementi architettonici giocano il loro ruolo pregnante nella composizione intera della mostra.

Fin dall'entrata l'attenzione del visitatore viene attirata da una piccola apertura protetta da una grata, al di là della quale improvvisamente appare un primo lavoro: un lungo tavolo ricolmo di innumerevoli rulli bianchi, il nucleo marmoreo è avvolto da una fotografia in bianco e nero, a sua volta semicoperta da una custodia di lino bianco, il tutto legato da deliziosi nastri di raso...

AK Vorrei che mi raccontassi la storia, l'inizio di questa mostra.

AR Questa mostra, intanto, non ha nessun titolo, per la prima volta.

Normalmente quando faccio una mostra nuova, le invento anche un titolo. Però si tratta, in questi casi, di spazi privati e questo è invece uno spazio pubblico: per di più abbastanza grande e, soprattutto, ricco di uno valore affettivo, perché tanti lavori sono nati qui, per esempio i rulli. Se tu guardi, ci sono le foto dei bambini dell'orfanotrofio che prima era ospitato proprio qui.

AK Quindi tu speravi da tempo di poter fare la mostra in questo spazio, anche perché in questa città ci sei nato? Conoscevi già questo edificio, che oggi è diventato spazio espositivo e speravi per questo di esporvi il tuo lavoro?

AR Il desiderio c'era da sempre, fin da quando avevo lo studio proprio qui accanto. Speravo di poter un giorno occupare questi luoghi con le cose che sono nate qui e che conservano ancora oggi un rapporto particolare con questo posto. Non so, ma molte cose sono state create qui, come il lavoro del *Pasto sordo* dei bambini dell'orfanotrofio. Le foto le ho raccolte negli anni, e poi sono finite in questi rulli... Attraverso queste piccole feritoie cerco di percepire un'immagine che probabilmente ha una relazione con il posto.

AK Nel senso che questo è un lavoro che tu hai già presentato ripetutamente in altre mostre anche in versioni diverse...

AR No, il lavoro è rimasto sempre quello, solo la misura si è adattata allo spazio. Qui per esempio il tavolo è un po' più lungo che in altre occasioni. Cambia un po' l'ordine delle cose, però l'essenza rimane quella.

AK Possiamo dire allora che tu hai voluto in questa mostra presentare il tuo lavoro degli ultimi anni? I lavori più importanti, che continui a modificare e a presentare in maniera diversa ogni volta? Però questa volta in un luogo particolarmente importante per te, nella tua città e in

I even studied a little of its history. So now I feel deeply moved.

AK And the choice of materials: marble, photographs, linen, satin?

AR It has all to do with the ambivalent sensations of lightness, delicacy, and heaviness. The uncontaminated purity of the linen preserves an image which belongs to memory and this image is folded round a roll of white marble. The marble refers to the heaviness of life.

AK These ribbons too seem to speak of something precious, … they are made of satin, like a parcel containing a secret.

AR Yes, these are preserved images.

AK I have often noticed that you like to show works in relation to one another, and that two different works may have the same title.

AR Yes. This, for example, which is from 1995, is part of a group of works which I entitled *Feritoie* (Loop-holes). The loop-hole in a way recalls the "wound", the fissure, the cut, and "Feritoia" is also the title of an exhibition in which I showed some of the pieces you see here.

AK The fact that this exhibition is only entitled "Alfredo Romano" seems very nice and sensible. In that here you are presenting a series of different works made in the last ten years; a kind of retrospective. And practically no new work, which would have required a title.

We move close to a panel on the wall, which is almost square, very dark in colour and deliberately left in the semi-darkness.

AK Is there a particular visiting route? Can you wonder around freely in all directions? It seems to me that everything is in relation to everything else and also with the space as a whole.

AR This is a sort of grating. There is no image here if not the image of time passing: a memory of wax.

There is real closure, the desire to absorb to the maximum degree the great mass of this material – the wax paint – on the wooden support. There is wood, wax and iron underneath and then again satin. It is like the register of a great memory.

I wanted a dark presence, a sort of wall in this tone of red-brown-black which has become almost purple now, because this work changes colour in the light. Wax too always modifies, this is why it requires semi-darkness.

AK Is this also an early piece?

AR Yes, it was made more or less in the same period as *Feritoie*, except that I have never shown it before.

We enter into the central room.

AR There are two works here: the first is part of the series of *Unto* (Grease, and also greasy and greased, ndr), which I presented at La Napoule. I called it *Unto* because the leather had some grease in it.

AK Which is no longer there?

AR The grease is still there. I've not added any, but there remain traces of it.

AK In this case you have also transposed the name, the meaning of the work…

AR The second, instead, is a work I made together with Giuseppe Gavazza, a young composer from Turin, and it is part of the series entitled *N-ODI* (N-Odes, and also [You] N[ot] - Hearing, ndr). As you know, these are also works which developed in time, in the sense that initially they were only called *Nodi* (Knots).

Later, having worked for some time with Gavazza, I liked the idea of maintaining the same title, adding that stroke between the "N" and the "Odi", which evokes more subtle meanings and naturally also recalls "hearing".

AK I have counted seventeen chairs. Does this number have a special meaning?

AR No. When the chairs were shown in Turin, they were neatly ordered in groups of ten and three, just as the group presented at "Chairs" in Udine. Here, instead, they should be a bit

9 Galleria civica d'arte contemporanea Montevergini, Siracusa

questo edificio che conosci così bene.

AR Questo era importantissimo per me. D'altra parte, questo spazio l'ho visto già dieci anni fa, ne ho anche studiato un po' la storia. Quindi c'è anche un po' di emozione adesso.

AK E la scelta dei materiali: il marmo, le fotografie, la stoffa, il raso?

AR Tutto ha a che fare con questa ambivalenza, di leggerezza, delicatezza, e di pesantezza. Il candore incontaminato del lino custodisce un'immagine che appartiene alla memoria e questa stessa immagine è avvolta intorno al rullo di marmo bianco. Il marmo sta per la pesantezza, la pesantezza della vita.

AK Anche questi nastrini mi sembra che parlino di una cosa preziosa, … sono di raso, quasi come in un pacco che contiene un segreto.

AR Sì, sono custodite, questi immagini.

AK Ho osservato più volte che tu abbini un lavoro ad un altro, e che i due lavori insieme possono anche avere lo stesso titolo.

AR Sì. Questo, per esempio, che è del '95, fa parte di un gruppo di lavori che ho chiamato *Feritoie*. Feritoia rimanda in qualche modo alla "ferita", alla fessura, al taglio, e "Feritoia" era anche il titolo di una mostra nella quale avevo esposto alcune delle cose che sono presenti anche ora.

AK Mi sembra molto bello e molto sensato che questa mostra si chiami solamente "Alfredo Romano" e basta. Visto che qui raccogli una serie di lavori diversi degli ultimi dieci anni; una specie di retrospettiva. E praticamente nessun lavoro nuovo, che invece avrebbe davvero avuto bisogno di un titolo.

Ci avviciniamo a un pannello sul muro, quasi un quadrato, di colore molto scuro e volutamente lasciato nella penombra.

AK Non c'è un percorso preciso? Si può girare liberamente in tutte le direzioni? Mi par di capire che tutto ha un rapporto con tutto e anche con la totalità dello spazio.

AR Questa è una specie di grata. Qui non c'è nessuna immagine, se non l'immagine del tempo reale che trascorre: una memoria di cera.
C'è proprio la chiusura, la volontà di far assorbire al massimo il grande corpo di questa materia – questa pittura di cera – su un supporto di legno. Legno, cera, e sotto ferro e poi di nuovo raso. È come lo schedario di una grande memoria.
Ho voluto una cosa scura, una specie di muro in questo tono di rosso-bruno-nero che adesso è diventato quasi viola, perché questo lavoro alla luce cambia anche il suo colore. La cera poi si modifica sempre, per questo ha bisogno della penombra.

AK Anche questo è un lavoro di qualche anno fa?

AR È nato più o meno nello stesso periodo di *Feritoie*, solo che non l'ho esposto mai prima d'ora.

Entriamo nella sala centrale.

AR Qui i lavori sono due: il primo fa parte della serie degli *Unto*, che ho presentato a Napoule. Lo chiamai *Unto* perché nella pelle c'era del grasso.

AK Che adesso non c'è più?

AR Il grasso c'è ancora. Non l'ho rimesso, però ce ne rimane sempre qualche traccia.

AK Anche in questo caso allora si è trasportato il nome, il senso del lavoro…

AR Il secondo, invece, è il lavoro che ho fatto insieme con Giuseppe Gavazza, giovane compositore torinese, e fa parte del ciclo intitolato *N-ODI*. Come sai, anche questi lavori si sono sviluppati nel tempo, nel senso, che prima si chiamavano solo *Nodi*. Più tardi, dopo aver lavorato per un po' di tempo con Gavazza, mi è piaciuta l'idea di conservare lo stesso titolo, aggiungendo quel trattino fra "N" e "Odi", che evoca più sfumature e fa pensare naturalmente anche all'"udire".

AK Ho contato diciassette sedie. Il numero ha un significato speciale?

10 *Feritoie*, 1991

disorderly and simply occupy the space. It is not the number that matters, but the fact that they should be numerous enough to adequately fill the space. And at the same time this disorder also underlines that Sicily is not Turin. That order, that symmetry, that "being together" does'nt exist here.

Inside the old houses everyone sat together and discussed things: I simply wanted to point out that today this community has disappeared. Now look at these works together: the two *Unto* at either end of the room also look like the highbacks of a chair, sort of gratings. This is why I wanted these works in dynamic relation to one another. Can you see the play of light and shadow on them... see how everything is in relation?

Alfredo Romano pauses in front of one of the two entirely new works in the exhibition, especially made for this space: two glass panels, held together by pliers, which in turn grip small bits of "greasy" linen.

AR These works are still concerned with lightness, transparency.

To one side there is a large installation, once more an Unto, *with hundreds of pliers gripping small bits of variously coloured leather. It is the original grease of the surface to determine the title of the work.*

AK When the grease of these bits of leather was fresh, could you smell it?
AR Yes, of course you could smell it and it was the smell to reinforce perception and make it persistent.
What is also interesting about this work is that when you look at it from a distance, it almost looks like a musical score – so it combines with *N-ODI*. When you come nearer, instead, you realise that it is made of pliers, which are also a little aggressive, don't you think? Especially in the shades of evening. And then they have this capacity to hold tight, which you can feel, as a powerful force.

In another room, facing a great wall covered with small white panels. They look like pictures, empty pictures hung one on top of the other on the entire surface of the wall, like a sort of iconostasis. Pasto sordo *is the title of this work, exhibited on various occasions, though recently alongside another installation of small overturned aluminium bowls resting on a background of black cloth, which is here shown separately in the next room.*

AR This is a work of 1988, conceived as an ensemble which has already been shown here in Syracuse: there was also the table, it was called *Il pasto sordo* (The Deaf Meal) and it was all in the refectory of Santa Lucia.
An important element of this work is the juxtaposition of the panels – similar in a way to that of the ex-voto in baroque churches. They are panels I found, a little irregular, which I treated with gesso. They're empty, you can only see these little "accidents" and then there's this cold white which absorbs everything.
AK Tell me about the history of this exhibition, when did you start working on it?
AR About fourteen months ago.
AK You started to study the space, to think about what to do and how to organise the whole. Did you always work more or less on your own at this stage?
AR I would say that I mostly worked on my own. Many projects were conceived, very many... I started measuring the space in November of last year. And there was still a possibility, but very vague of occupying the spaces on the first floor. So I measured upstairs as well, because I liked this space too. To tell the truth I had to continually change the project, but in the meanwhile some ideas also matured.
AK Is it not somewhat strange to have worked by yourself in this way, on an exhibition of

11 *Unto*, 2001
particolare / detail

AR No. Quando le avevo mostrate a Torino, le sedie erano ben ordinate in un gruppo di dieci e in un secondo di tre, che è poi quello esposto anche a "Chairs" a Udine. Qui devono stare invece in un modo un po' disordinato e occupare semplicemente lo spazio. Non è il numero che conta, ma il fatto che devono essere abbastanza numerose per riempire lo spazio in modo adeguato. E nello stesso tempo il loro disordine sottolinea anche che la Sicilia non è Torino. Qui non esiste quell'ordine, quella simmetria, quello "stare insieme".

Nelle vecchie case si stava tutti seduti insieme e si discuteva: volevo semplicemente sottolineare che questa comunità è oggi scomparsa.

Adesso guarda questi due lavori insieme: Anche i due *Unto* sui muri di testa della sala sembrano essere, come gli schienali delle sedie, una specie di grata. Per questo mi piaceva mettere i due lavori così fortemente in rapporto l'uno con l'altro. Vedi il gioco della luce e delle ombre sui due lavori… vedi come è tutto in rapporto?

Alfredo Romano si ferma davanti a uno dei due lavori inediti della mostra, creati appositamente per questo spazio: due lastre di vetro, tenute insieme da pinze, che a loro volta stringono dei minuscoli pezzettini di lino "grasso".

AR Questi lavori rappresentano ancora la leggerezza, la trasparenza.

Su un lato vi è una grande installazione, ancora una volta un Unto, *con centinaia di pinze che stringono piccoli pezzi di pelle variopinti, dove è il grasso originario del materiale che determina il titolo dell'opera.*

AK Quando il grasso di questi pezzi di pelle era fresco, si sentiva anche l'odore?

AR Certo che si sentiva,ed era proprio questo odore che rinforzava la percezione e la rendeva persistente.

In questo lavoro è anche interessante che, quando lo guardi da lontano, sembra quasi una partitura musicale – e si sposa così con *N-ODI*. Quando invece ti avvicini, ti accorgi che si tratta di pinze, che sono anche un po' aggressive, no? Soprattutto quando si allungano le ombre. E poi hanno questa capacità di tenere stretto, che tu senti come una grande forza.

In un'altra stanza, davanti a un grande muro coperto da tavolette bianche. Sembrano quadri, quadri vuoti e appesi l'uno sull'altro su tutta la superficie del muro, come una specie di iconostasi. Pasto sordo *si chiama questo lavoro e anche esso era già stato esposto in altre occasioni, anche se accoppiato con una seconda installazione di piccole ciotole capovolte in alluminio appoggiate su uno sfondo di tela nera, che qui è allestita per conto suo nella sala adiacente.*

AR Questo è un lavoro del 1988, nato come un insieme che è stato già mostrato qui a Siracusa: c'era anche il tavolo, si chiamava *Il pasto sordo* e tutto stava nel refettorio di Santa Lucia.

Importante in questo lavoro è il sovrapporsi delle tavole – un po' come capitava con gli ex-voto nelle chiese barocche. Sono tavole un po' irregolari, che ho trovato così e che ho trattato con il gesso. Sono vuote, si vedono solamente questi piccoli "incidenti" e c'è il bianco freddo che assorbe tutto.

AK Quando inizia la storia di questa mostra e come hai incominciato a lavorarvi?

AR Sono circa quattordici mesi.

AK Hai così incominciato a studiare lo spazio, a riflettere sul cosa fare e sul come organizzare l'insieme. Hai sempre lavorato abbastanza da solo in questa fase?

AR Direi che lo ho fatto soprattutto da solo. Sono nati tanti progetti, tantissimi… Ho cominciato a misurare lo spazio nel novembre dello scorso anno. E ancora c'era una possibilità, ma molto vaga, di poter occupare anche gli spazi nel primo piano. Ho quindi misurato anche di sopra, perché mi piaceva anche questo spazio. Per dir la verità, ho dovuto modificare in continuazione

12 *Unto*, 2001
N-ODI, 1998
particolare / detail

yours… Would it not have been better to discuss it with someone, with a curator, with friends, assistants?

AR Yes, but yes, of course, … there was Giuseppe, who was also a student of mine at the Academy, and there was Salvatore, the director of the Galleria Civica. We certainly talked and exchanged views, but after all this project was very clear to me. I knew every nook and cranny of this space, which I am tied to by history and an age-long desire. Of course, Giuseppe is very good and this is also of great assurance, he helped me a lot.

AK This work too is entitled *N-ODI*. Does it come before or after the other piece which has the same name?

AR They are more or less of the same period, I would say. But here the idea was to make the sound of Giuseppe Gavazza's music develop in this large suspended bowl. And the iron bars which support the bowl in a way recall the pipes of the highback chairs next door.

AK It is a beautiful work, also because of this rigidity of the square form and its dark structure. You had already told me about your intention to "dematerialise" more, to gradually reduce the importance of materials and insist on the purity of form, adding only sound to reinforce perception.

AR These materials – marble, wax, wood, satin – are important, but not so very important; they have a spirituality. You can perceive their peculiar quality.
In this case there's only the bowl and it's made of aluminium, because bowls are made of aluminium. But here the size of the bowl becomes enormous, in order to amplify the sound.

AK How did the collaboration with Giuseppe Gavazza come about? How often did you meet?

AR Initially I drew up some projects, he examined them, and then we would meet, we talked – and little by little we also got to know each other better. I had listened to his music and found it very beautiful, he knew my work through catalogues – and then a friendship also developed, which was not of little account.

AK And what about other disciplines, besides music? Poetry? You once told me you often write yourself.

AR Yes, though much less now. Literature sets the mind free from too much fixation on a single thing and is also a source of inspiration. Literature is a very good company.

We finally reach the monastery's courtyard where a luminous installation entitled Crepuscolare (Twilight) *is sighted, which gradually lights up, in the same way as the day gives way to the gathering darkness of the evening and dies down again when dawn breaks. It illuminates a decaying group of houses on the other side of the courtyard and reveals, one by one, its abandoned rooms, what's left of a "dead house", a lost theatre.*

AK Is the idea of an installation of light the consequence of these peculiar and fascinating surroundings?

AR Yes, I wanted to infuse some spirit. I'd already used this system of illumination called *Crepuscolare* in a collective exhibition at Casacalenda, near Termoli. In that medieval village there was a great wall which I particularly liked. So I chose an enormous arch, called "Vico Luna", and for the first time I decided to work with light.
Here instead, the idea is more internal, more interior; I wanted to bring this place to life. I was fascinated with the idea of giving light to these rooms which are so familiar to me. They've been left abandoned for years, but lit up you can imagine them differently: the children, the noises, all of life.

In the morning, when the night is over, when the sky becomes clearer and the day begins, reality breaks in and the light disappears.

13 *N-ODI*, 1998

il progetto, ma nel frattempo sono anche maturate delle idee.

AK Non è un po' strano aver lavorato così da solo, ad una tua mostra… Non era meglio poterne discutere con qualcuno, con un curatore, con amici, con assistenti?

AR Sì, ma sì, … c'era Giuseppe che era anche un mio alunno all'Accademia e c'era Salvatore, il direttore della Galleria Civica. C'erano senz'altro i colloqui, gli scambi, ma in fondo il progetto mi era ben chiaro da tanto tempo. Conoscevo ogni angolo di questo spazio al quale mi legano proprio la mia storia e un desiderio ormai antico. Certo, Giuseppe è molto bravo e questo dà anche una grande sicurezza, quindi mi ha anche aiutato molto.

AK Anche questo lavoro è intitolato *N-ODI*. Viene prima o dopo del suo omonimo?

AR Più o meno nello stesso periodo, direi. Solo che qui si è cercato di fare sviluppare il suono della musica di Giuseppe Gavazza in questa grande ciotola appesa. E le aste di ferro che tengono appesa la ciotola ricordano un poco le canne che di là formano lo schienale delle sedie

AK È un bellissimo lavoro, anche per questa rigidità della forma quadrata della struttura nera. Mi avevi già parlato del tuo desiderio di "de-materializzare" di più, di togliere man mano importanza al materiale e di insistere sulla purezza delle forme, aggiungendo solamente il suono come un ulteriore rinforzo della percezione.

AR Questi materiali – il marmo, la cera, il legno, il raso – sono importanti, ma non importantissimi; hanno una loro spiritualità. Ne percepisci il carattere particolare.
In questo caso c'è solo la ciotola ed è di alluminio, perché le ciotole sono di alluminio. Però qui la dimensione della ciotola diventa enorme, per poter amplificare il suono.

AK La collaborazione con Gavazza, com'è avvenuta? Bastavano alcuni incontri?

AR Prima sono stati fatti dei progetti, che lui poi esaminava; ci si incontrava, si parlava – e piano piano ci si conosceva anche meglio.
Io avevo ascoltato la sua musica e la trovavo molto bella, lui conosceva il mio lavoro attraverso i cataloghi – e poi è nata anche un'amicizia, il che non era di poca importanza.

AK E le altre discipline, oltre alla musica? La poesia? Tu hai detto una volta che spesso scrivi qualcosa tu stesso.

AR Sì, anche, ma adesso molto meno. La letteratura libera la mente da troppa fissazione su un'unica cosa, ed è anche fonte di ispirazione. È un'ottima compagnia, la letteratura.

Arriviamo finalmente nella corte del monastero dove è sistemata una installazione luminosa intitolata Crepuscolare, *che si accende lentamente proprio come quando il giorno cede alle oscurità della sera, per poi spegnersi allo spuntare dell'alba. Essa illumina un fatiscente complesso di case sull'altro lato della corte e ne rivela, una ad una, le stanze abbandonate, quello che ancora resta di una "casa morta", di un palcoscenico smarrito.*

AK L'idea di una installazione di sola luce è la conseguenza di questo contesto così particolare e così affascinante?

AR Sì, volevo dare un po' di spirito. Questo sistema di illuminazione di nome *Crepuscolare* l'avevo già utilizzato una volta in una mostra di gruppo a Casacalenda, vicino a Termoli. In quel paese medievale c'era un grande muro che mi piaceva in modo particolare. Allora scelsi un arcone enorme, che si chiamava "Vico Luna", e per la prima volta decisi di lavorare con la luce. Qui invece l'idea è più interna, più interiore; volevo ridare vita a questo posto. L'idea che mi affascinava era di dare luce a queste stanze che conosco da sempre. Se ne stanno lì abbandonate da anni, però con la luce te le immagini diversamente: i bambini, i rumori, tutta la vita insomma.

Alla mattina, quando finisce la notte, quando il cielo pian piano si rischiara e comincia la giornata, comincia la realtà e la luce svanisce.

14 *Crepuscolare*, 2002

Ora è la volta delle stanze dei luoghi che non esistono quelli che vengono di sbiego
ad istanti e sono sempre dove si è cercato di guardare e non si guarda ancora.
(Lucio Piccolo)

15 *Madonnina, 2002*

16 Galleria civica d'arte
contemporanea Montevergini,
Siracusa

17 *Feritoie*, 1991

18 *Feritoie. Rammendi,* 1993

19 *Senza titolo*, 1990
   Senza titolo, 1990

20 *Senza titolo*, 1991
21 *Pasto sordo*, 1988
Unto, 2001

Le *pinze* sono tenaglie che, di
volta in volta, attraverso
materiali differenti stretti ad
esse, rimandano alla coscienza.
Sono la tensione di una voce che
si fa corpo, testimoniano la
brutalità e la violenza della
nostra realtà. Evocano il punto di
frattura, il limite come soglia
drammatica. Come artista bizantino
incarno questo potenziale di
sofferenza. Nella nostra cultura
abbiamo sempre dialogato con la
morte. È la terra del contrasto
dialettico.

The *pliers* I use are tongues
which, from time to time, though
the different material they are
attached to, refer to the
conscience. They represent the
tension of a voice that becomes
body, the brutality and violence
of our society. They evoke the
point of fracture, the limit as a
dramatic threshold. As a Byzantine
artist I embody this potential of
suffering. In our culture we have
always entertained a dialogue with
death. It is the ground of
dialectic contrasts.

22 *Unto*, 2001

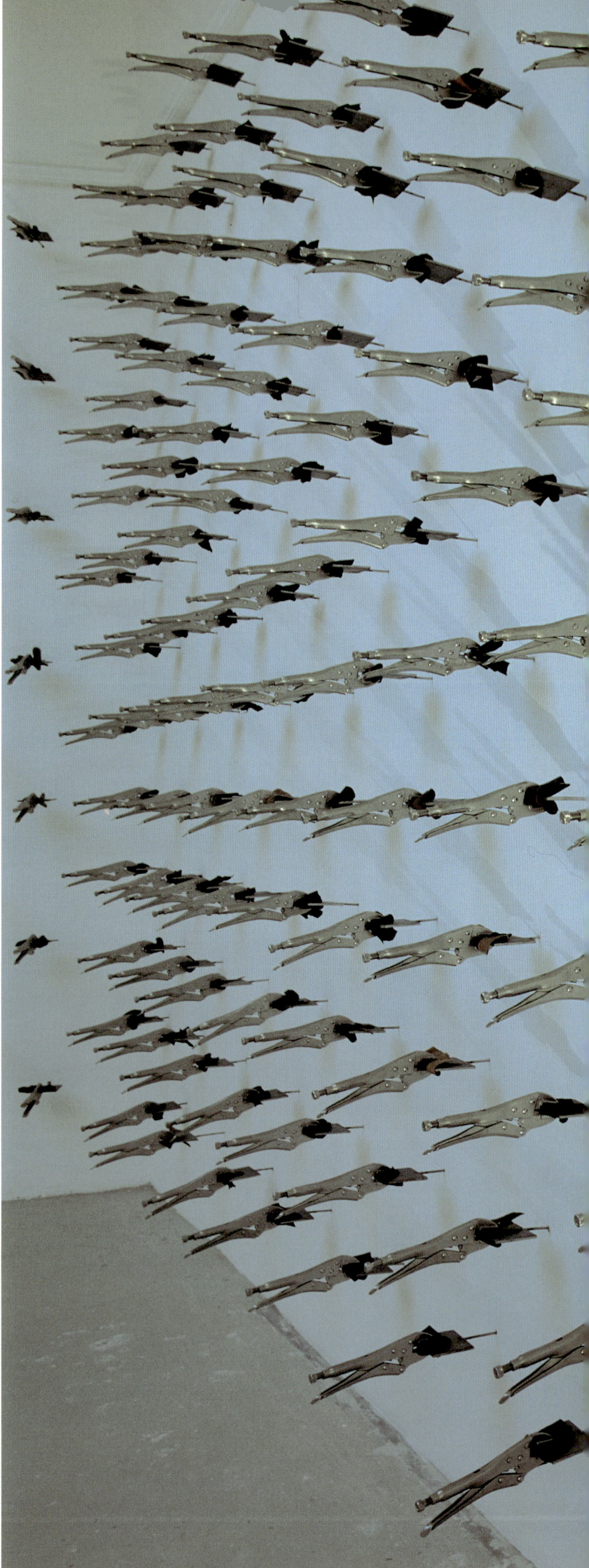

23 *N-ODI*, 1998

24 *N-ODI*, 1998

25 *N-ODI*, 1998
La stanza sorda, 1993

La *stanza sorda* occupata da ciotole impiccate alle pareti, chiuse con il lino nero, è pensata come un grande concerto, un coro di voci mute. Un urlo soffocato simboleggia il pasto della nostra comunità infelice, incapace di reagire, di crescere, di tollerare, di amare. Con questi lavori voglio affermare l'essere affondato nella vita degli altri uomini, nella vita comune: essi costituiscono il mio messaggio di solidarietà. Le immagini che formalizzo, si creano in me emotivamente, ad esse aggiungo tutto il potere intellettuale e critico che possiedo, tutta la mia tensione.

The *deaf room*, where metal bowls covered in black linen are hung on the walls, is conceived as a great concert, a chorus of mute voices. A stifled scream symbolises the meal of our unhappy community, incapable of reacting, developing, tolerating, loving. With these works I want to affirm to be steeped in the life of other men, into everyday life: they constitute my message of solidarity. The images I formalise are created within me emotionally, I then add to them all my intellectual and critical power, all my tension.

26 *La stanza sorda*, 1993

27 *La stanza sorda*, 1993
Unto, 2001

28 *Crepuscolare*, 2002

Crespuscolare 2001

La luce ha sempre qualcosa di inquietante, trasfigura il corpo, segna il confine tra il visibile e l'invisibile, richiama all'assoluto inesprimibile. Essa porta dentro di sé ogni sensibile immagine sospesa, immobile, immateriale.

Light always has something disquieting, it transfigures the body, it marks the line between the visible and the invisible, it recalls the inexpressible Absolute. It carries within all tangible, suspended, immobile, immaterial image.

1985. Energia per quadri che non sono solo quadri: l'opera al nero, i ferri

Nei *Ferri*, lavoro dei primi anni ottanta, c'è la volontà di chiudere, dentro una struttura possente, la profondità di un luogo primario. Questi lavori distanti, impenetrabili, sono dei "paesaggi del nero". Questo è il colore della nostra storia mediterranea, di Caravaggio, Goya, Picasso, Boccioni. Il nero è un non-colore, il simbolo del ritorno alla materia, in uno stato d'attesa per una ricomposizione.

Ho dipinto con diversi passaggi di catrame, con densità e mescole differenti, una forma semplice e monocroma, capace di contenere valenze di estrema sensualità. Una pittura non dipinta, contenuta dentro una struttura di ferro, che si accumula, si stratifica, animata da differenti umori pensanti, come corpi che si trasformano in entità solidificate, come avessero attraversato le rovine della storia, le tempeste di lava del vicino vulcano.

Questi ferri hanno un peso ed un umore differenti, l'assunto di una condizione "aperta, continua, infinita"; mutano nel loro movimento interno, esistono in senso fisico e concettuale. Lavori fatti né per simboli né per metafore, ma per sostanze. Esprimono energia e desiderio di potenza.

1985. Energy for paintings that are not just paintings: the œuvre au noir, the iron works

In *Ferri*, a work of the early eighties, there is the intent to enclose within a powerful structure the profundity of a primary space. These distant, impenetrable works are "black landscapes". This is the colour of our Mediterranean history, of Caravaggio, Goya, Picasso, Boccioni. Black is a non-colour, the symbol of a return to primary materials, in a state of waiting to be recomposed.

I painted, with different layers of tar and different densities and mixes, a simple monochrome form, able to contain the valence of extreme sensuality.

A picture not painted, but contained within an iron structure which accumulates, stratifies, animated by different thoughtful moods, as bodies which become solidified masses, as if they had passed through the ruins of history, the tempests of lava of the nearby volcano.

These iron works have a different weight and feeling, they engage in a relation which is "open, continuous, infinite"; they mutate in their internal movement, they exist in both a physical and conceptual sense. Works made not by symbols nor by metaphors, but by substances. They express energy and desire for potency.

29 Studio dell'artista / Artist's studio
Vecchio ospedale / Old hospital,
Siracusa

1985. Oggi ho fatto questo: ho ingabbiato, mutilato, cotto un quadro / tutto mi coinvolge senza la mediazione della parola / è ciò che coincide con un mondo tragico che racchiude i germi / l'assenza come luogo di silenzio come coscienza di sé / immaginare i diversi mormorii tra luce e ombra è la sola speranza / i miei quadri sono tracce segni irripetibili animati / da una vibrazione segreta / da umori sotterranei che vengono da luoghi lontani e profondi.

1985. Today I did this: I imprisoned, mutilated and baked a painting / everything engages me without the mediation of words / this coincides with a tragic world which holds the germs / absence as the space of silence and self-consciousness / to imagine the different murmurs between light and darkness is the only hope / my paintings are traces unrepeatable signs animated / by a secret vibration / by underground feelings coming from deep down and distant places.

30 *Opera al nero III/IX*, 1985

Alfredo Romano
And the non feasibility of the "possible"

Enrico Pedrini

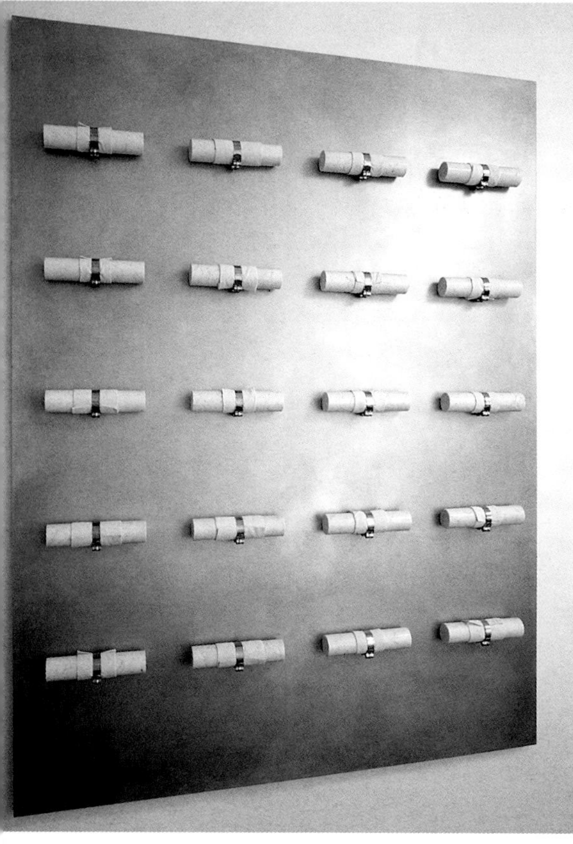

31 *Senza titolo*, 1990
32 *Feritoie*, 1994

Alfredo Romano's work pursues the semantic function of revealing the identity of things in their structure, the artist being like a creator who imposes signs on objects. But identities do not remain motionless, instead they tend to differentiate with the change and movement of the world. Moreover, without the appearance of identity we would neither have the differentiation of the object and the sign, for the appearance of difference implies that the past continues to unveil itself. Therefore identity, which contains and is defined by difference, is the origin of a further meaning, in so far as there is always a will which favours the determination of otherness. Undoubtedly Romano's objects, viewed in their essentiality, suggest that their meaning determine another meaningful possibility. The artist believes in fact that without the appearance of identity, i.e. what subsists in the "before" and in the "after", there cannot be the differentiation of the object and the sign. Every transformation of the world implies something becoming "other than itself". Therefore becoming is the diversification of something, it is the identification of difference.

Thus when Romano affirms: "I imprisoned, mutilated and baked a painting" we sense the artist's desire to reaffirm identity, to reveal presence, and above all to conceal substantiality. The forms and objects that the artist chooses are concrete forms in constant change. The crystallisation of real forms in his works, become moments of fixing, islands frozen in order to visualise their objects and identities. "My paintings are traces, unrepeatable signs animated by a secret vibration, by underground feelings which come from deep down and distant places". Hence his interests move within a real naturalness, and we are reminded of the concerns of art, its symbolic function and the problematic nature of man. Alfredo Romano seems to affirm that it is necessary to turn to what actually appears, in order to establish if something is capable of manifesting itself outside of language. Just as the dialectic between the word and the object never reaches beyond the word and its historical sense, so art to survive must remain within language, a language which develops and differentiates.

The meaning of his materials, which appear inside the art system, is related to other meanings, in an uninterrupted progression, since the forms represented are the very visualisation of his thought. But the incontrovertible appearance of linguistic elements, in which thought abides, cannot be separated from the problematic nature of interpretation. In fact, it is especially the fundamental issue of interpretation which reaffirms the problematic nature of the artistic object and therefore of thought. The controvertible and transitory nature of thought open the way towards possibility (Utopia of Possible). Romano's objects surprise us not because "they are 'out of place'", scraps, differences, appropriations, but simply because they "are", as a possible way towards things. In this sense we ought to view in my opinion his scene objects with the titles: "opere al nero" (*œuvres au noir*), "pasto sordo" (deaf meal), "sonno" (sleep), and "freddo" (cold). The objects and the materials his works are made of – bandages, strips, photographs, tar, lead, wax – interpret the artist's need to visualise, within a deliberately interactive context of forms and symbols, the pressing presence in art of materials which function as memories.

In the exhibition entitled "Unto" (grease / greased / greasy), held in 2001 at the Château de La Napoule, near Cannes, the memory of the artist's native city emerges as a recurrent theme in the rolled up parchments, an archetypal memory of Siracusa. The bark and the leaves of the papyrus were indeed used in antiquity to make scrolls on which signs and writing were inscribed. In Romano's work culture sedimented in time becomes a genetical archetype, which surfaces into our present reality like an indelible presence and as a memory which can forge the collective unconscious of a community. The cylinders resembling rolls of papyrus, made of different kinds of coloured marble, reconstruct the identity of a place; it is represented in a sequence of forms, like a library of human knowledge, which time has solidified and rendered unrecognisable. On the walls, fixed to small iron panels placed at regular intervals, Alfredo Romano has applied pliers which grip bits of cloth. The energy which derives from this vicelike grip on the wall is multiplied in the

L'opera di Alfredo Romano coltiva la determinatezza semantica del far apparire l'identità delle cose nelle loro articolazioni, in quanto l'artista si presenta come volontà che impone i segni alle cose. Ma le identità non rimangono immobili, esse tendono a differenziarsi nel loro divenire. Infatti se non apparisse l'identità non apparirebbe neppure il differenziarsi della cosa e del segno, perché l'apparire della differenza implica che il passato continui a svelarsi. L'identità, quindi, cui si riferiscono le differenze che la esprimono, è origine di un ulteriore significato, in quanto esiste sempre una volontà che favorisce questa nuova determinazione di alterità. Indubbiamente gli oggetti di Romano, presi nella loro essenzialità, presuppongono che il loro significato determini un'ulteriore possibilità significativa. Per l'artista infatti non si manifesta neppure il differenziarsi della cosa e del segno senza l'apparizione dell'identità, cioè senza ciò che permane nel "prima" e nel "poi". Ogni trasformazione del mondo è un diventare "altro da sé" da parte di qualcosa. Pertanto, proprio il divenire è la diversificazione di qualcosa, il divenire è l'identificazione dei diversi.

Così, quando Romano afferma: "ho ingabbiato, mutilato, cotto un quadro" si sente la volontà dell'artista di riaffermarne l'identità, svelare la presenza e soprattutto velarne la sostanzialità. Le forme e gli oggetti scelti ed esposti da questo autore sono indubbiamente forme concrete nel loro farsi. Le cristallizzazioni delle forme reali, che troviamo nelle sue opere, divengono momenti di fissaggio, isole fermate dall'esigenza di visualizzare le cose e le loro identità. "I miei quadri sono tracce e segni irripetibili, animati da una vibrazione segreta, da umori sotterranei", che "vengono da luoghi lontani, profondi". La sua ricerca si muove quindi all'interno di una naturalità reale, dove il pensiero ritorna alle cose dell'arte, alla sua funzione simbolica, alla problematicità dell'umano. Alfredo Romano sembra sostenere che è necessario rivolgersi a ciò che effettivamente appare, per stabilire se qualcosa è capace di manifestarsi al di fuori di un linguaggio qualsiasi. Come la riflessione tra la parola e la cosa non esce mai dalla parola e dal suo carattere storico, così l'arte ha bisogno per la propria sopravvivenza di rimanere all'interno del linguaggio, di un linguaggio che si sviluppa e si differenzia.

Il significato dei suoi materiali, che appaiono all'interno del sistema artistico, rinvia ad altri significati, in una progressione che non si interrompe, in quanto le forme rappresentate non sono altro che la visualizzazione del suo pensiero. Ma l'incontrovertibilità dell'apparire degli elementi linguistici, in cui di fatto il pensiero si trova, non va distinta dalla problematicità dell'interpretazione. È quindi sul fondamento dell'atto problematico, cioè l'interpretazione, che si riafferma soprattutto la problematicità del fatto artistico e quindi del pensiero. La controvertibilità del pensiero e la sua transitorietà aprono la via del possibile (Utopia del possibile). I suoi oggetti ci sorprendono "non perché sono 'fuori posto'" in quanto scarti, differenze, appropriazioni, ecc., ma perché semplicemente "sono", in quanto possibile strada verso le cose. Così devono essere visti a mio parere i suoi oggetti di scena dai titoli: le "opere al nero", il "pasto sordo", il "sonno", il "freddo". Gli oggetti, le bende, i nastri, le fotografie, i catrami, i piombi, le cere, le feritoie che compongono queste opere, interpretano la costante esigenza dell'artista di visualizzare, all'interno di una voluta operatività interattiva di forme e simboli, la pressante presenza nell'arte di materiali che si propongono come memorie.

Nella mostra dal titolo "Unto", tenutasi nel 2001 al Château de La Napoule, vicino a Cannes, la memoria del proprio luogo di lavoro riaffiora con un tema ricorsivo, quello delle pergamene arrotolate come memorie archetipe di Siracusa. Il legno e le foglie del papiro venivano infatti impiegati nell'antichità per la produzione di pergamene su cui tracciare i segni della scrittura. La cultura sedimentata nel tempo diventa nell'opera di Romano un archetipo genetico, che affiora nel contesto attuale come presenza indelebile e come ricordo presente a forgiare l'inconscio collettivo di una comunità. Con questo segno, visualizzato mediante cilindri (come rotoli di papiro) di marmi di diversi colori, l'artista ricostruisce l'identità di un luogo e ce lo restituisce in una sequenza di forme, quasi a costruire una biblioteca del sapere, che il tempo ha indurito e reso irriconoscibile. Sulle pareti dello spazio espositivo Alfredo Romano applica, su lamelle di ferro infisse ai muri a distanze regolari, delle pinze che stringono ognuna un panno. Si sprigiona da questa morsa al muro un'effettiva energia, che si moltiplica nel numero copioso

33 *Feritoie*, 1991
34 *Feritoie*, 1994

great number of metal panels and pliers, like the image of a community which sees and observes, but remains quiet. It is this very silence evoked by the grip of the pliers – this blocked energy without a voice – which animates the whole exhibition. Like the powerful event of a community which participates in silence in the flow of life, but at the same time is present, vital, vigilant on time passing by. The title "Unto" underlines the way skin feels when it is slippery and greasy and looses the freshness and asperity of dry and normal skin. Silence itself is "greasy" if it lacks the force and compactness of dialogue and is unable to express itself in the bustle of life. Indeed energy and initiative die out if not stimulated by new projects and the desire to bring about change.

In the exhibition at the Galleria Civica di Montevergini in Siracusa Alfredo Romano's works find their ideal setting, for this ancient building pregnant with the signs of history – the white stone of Modica and the walls marked by the passing of centuries – directly interacts with the artist's works, creating a magical scenario of intense emotion. In the large central space, besides the numerous pliers on the walls gripping bits of cloth, Alfredo Romano shows some large high-backed iron chairs made of hollow metal tubes like organ pipes, which recall the chatter of women talking quietly among themselves in the noon. In fact speakers placed underneath the chairs give out rustling sounds of music, which create a warm atmosphere of collective and social life. The music is composed by Giuseppe Gavazza, a composer who has long been interested in Romano's work. The sound thus becomes an integral part of the installation as it is assumed by Romano as an element of interaction and sharing. The category of "possible" becomes for the artist of Siracusa the central foundation of a social and human rebirth, filled with hope for the future and new opportunities.

35 *Feritoie*, 1992
36 *Cunei*, 1989

delle lamelle e delle pinze, l'immagine di un popolo che vede e osserva, ma tace. Nel silenzio evocato dalla stretta delle pinze, da queste energie bloccate che non possono parlare, nasce lo spirito della mostra. Un evento forte di una collettività che partecipa in silenzio allo scorrere della vita, ma è al tempo stesso presente e viva: urge, vigila ed assiste al tempo che passa. Il titolo "Unto" sottolinea ancor più il carattere della pelle quando è scivolosa e grassa e perde la freschezza e l'asprezza dell'epidermide secca e asciutta. Lo stesso silenzio è "unto", se non ha la forza e la compattezza del dialogo e neppure la volontà di esprimersi nel chiasso della vita. Infatti l'energia operativa perde mordente, se non viene stimolata da una nuova progettualità e dalla volontà del cambiamento.

Nella mostra alla Galleria Civica di Montevergini di Siracusa i lavori di Alfredo Romano trovano la giusta collocazione, in quanto l'ambiente secolare carico di segni incisi dal tempo, quali la pietra bianca di Modica e gli intonaci segnati dal trascorrere dei secoli, entra in diretta interazione con i lavori dell'artista, creando uno scenario magico di grande intensità emotiva. Nella grande sala espositiva centrale, oltre alle numerose pinze infisse nei muri che serrano un panno, Alfredo Romano espone grandi sedie di ferro con alti schienali, composte di canne di organo, quasi a richiamare il cicaleccio delle donne che parlano tra loro a bassa voce nel meriggio. Altoparlanti, posti sotto le sedie, emettono suoni fruscianti di musica, che creano la calda atmosfera di un vissuto collettivo e sociale. La sonorità dell'esposizione è scandita dalla musica del compositore Giuseppe Gavazza, che da tempo segue il lavoro dell'artista siracusano. Il suono diventa parte dell'installazione in quanto è assunto come elemento di interazione e condivisione dallo stesso Romano. La categoria del "possibile" diviene per questo artista il fondamento centrale di una rinascita sociale e umana, carica di futuro e di nuove opportunità.

37 *Feritoie*, 1995
38 *N-ODI*, 1998

39 *Unto,* 2001

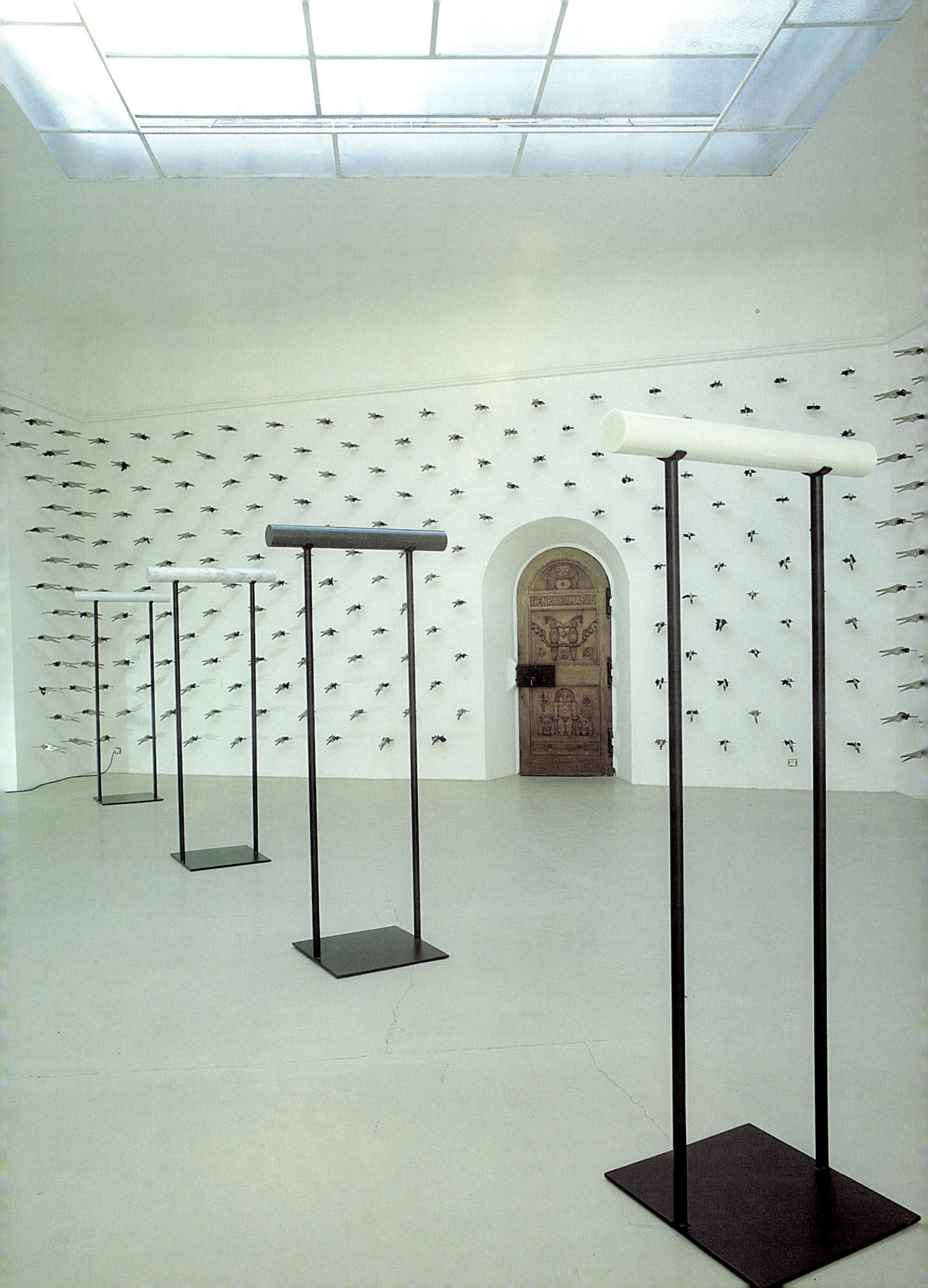

THE DIALOGUE OF LIGHT WITH OBSCURITY

Elio Cappuccio

Fire lives the death of earth
and air lives the death of fire;
water lives the death of air
and earth that of water.
Heraclitus, fragm. B, 76

40 *Senza titolo*, 1990
41 *Freddo*, 1988-1989
particolare / detail

The dynamic principle of the attunement of opposites has always represented a challenge to the logic of identity, whose rigour can cause the flux of existence to become fixed into tautological self-evidence. Conceptualism, in this respect, has provided eloquent examples of how the principles of formal logic can be applied to art. When artists propose to use analytical models in their art practice they often accept to sacrificing creative spontaneity to the principles of their project. Alfredo Romano chooses to operate on the borderline between identity and difference, in the conviction that the flux of existence can only be grasped by the symbolic bivalence of life and death, light and grief. In his work the luminosity of gold and the silence of black coexist, reminding us of Heraclitus' saying that fire can only live of the death of what fuels the flame. All this is bound in Romano to his desire to rescue opaque materials from oblivion, conferring dignity to them. Thus in the *oeuvre* which step by step is being defined, materials commonly considered neither beautiful nor useful take on new life, emerging from the depths of silence and darkness. Regarding *Nodi* (Knots) Romano wrote that it deals with "interstices in which the invisible manifests itself and the visible is transfigured, in which the spiritual and the conceptual emphasise a breaking point and delimit a dramatic threshold." These images and the artist's dialogue of light with obscurity present us with an issue which, in different ways and forms, has informed the Byzantine aesthetic as well as the avant-gardes of the XX century. According to Giovanni of Damascus the invisible God became visible through incarnation: "if the Invisible becomes visible in the flesh, you can make an image of He who has made himself visible in the flesh". This is the reason icons can lead from the visible to the invisible and that iconostasis, according to Pavel Florenskij, becomes the border between the visible and the invisible world. Destroying an icon, he writes, "is like bricking up a window".

When Romano states that he feels like a "Byzantine artist", he is declaring his choice not to consign his work to a purely aesthetical dimension and is taking on a moral stance. Clearly not interested in recalling the complex theological system with which the Byzantine artist identified, what he really wants is to underline the artist's responsibility with regards to the human condition, opening the way to a possible utopia in the direction of an authentic relationship Me-You, far from metaphysical nostalgia. In this respect he wants "to affirm to be steeped in the life of other men, into everyday life. They are my message of solidarity [...] As a Byzantine artist I embody this potential suffering". In *Convitto. Il pasto sordo* (Boarding School. The Deaf Meal), Romano conceives the space of the work as a chorus of mute voices: "a stifled scream symbolising the meal of our unhappy community, incapable of reacting, developing, tolerating, being". His images of suffering display objects which recount their crude history, going beyond the seduction of mere appearance which we are surrounded by in the *society of the spectacle* and escaping the limbo of homologation. In this dimension, Alfredo Romano grasps the connection between the displayed image and its opening towards the invisible, between word and silence. Byzantine artists traced the dimension of mystery back to the divine, Romano proposes objects which are not self-referential but which also open towards an inexpressible level, though always consciously posed within a post-metaphysical experience.

All this never leads to nihilistic results. The tragic acceptance of suffering and evil is indeed the condition for proposing a model of *koinonìa* in which the message of beauty can never be considered apart from the relation with others, in the conviction that each one of us, conflicting or plural in himself, must open towards that common cosmos which lies beyond all narcissistic complacency. Alfredo Romano's artistic and existential path constantly refers us to the *caring*

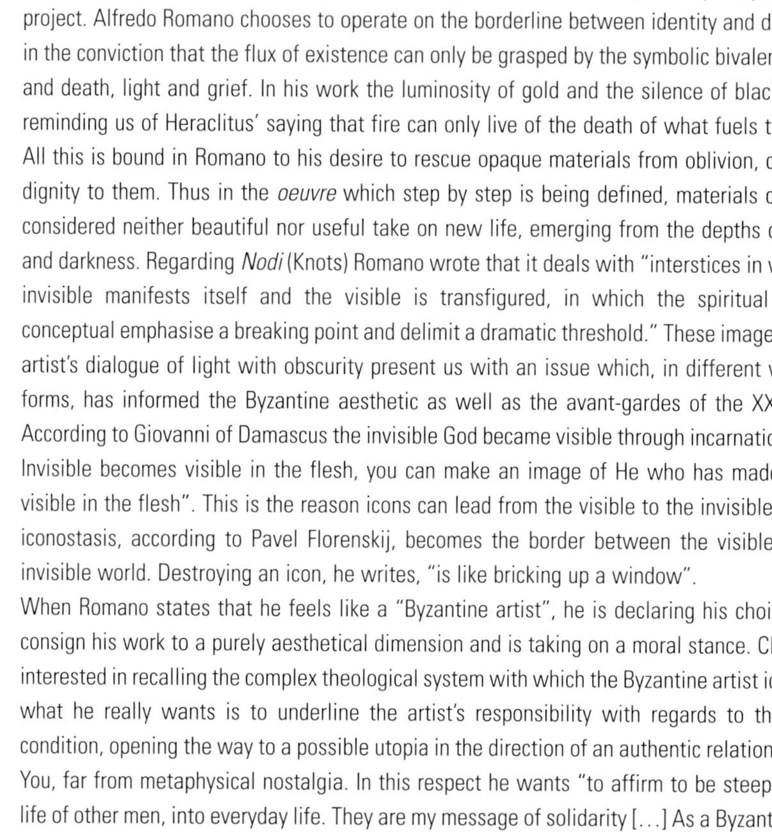

> *Il fuoco vive la morte della terra*
> *e l'aria vive la morte del fuoco;*
> *l'acqua vive la morte dell'aria*
> *e la terra la morte dell'acqua.*
> *Eraclito, framm. B,76*

La dissonante armonia che lega gli opposti, costituendo il principio dinamico del divenire, ha da sempre rappresentato una sfida rispetto alla logica dell'identità che rischia, con il suo rigore, di congelare il fluire dell'esistente nell'autoevidenza della tautologia. Il concettualismo, sotto questo aspetto, ci ha offerto esempi estremamente eloquenti di ciò che significa l'applicazione dei principi della logica formale all'arte. Quando ci si propone di adottare i modelli degli enunciati analitici nell'ambito della produzione artistica, si accetta, spesso, di sacrificare, ai principi del progetto, la spontaneità della dimensione creativa. Alfredo Romano sceglie di operare sulla linea di confine in cui l'identico e il diverso si confrontano, nella consapevolezza che il divenire può cogliersi solo attraverso la bivalenza simbolica di vita e morte, luce e lutto. Nella sua opera la luminosità dell'oro e il silenzio del nero coesistono, ricordandoci, con Eraclito, che il fuoco vive della morte di ciò che alimenta la fiamma. Tutto ciò si coniuga, in Romano, con l'esigenza di sottrarre all'oblio la materia opaca, nobilitandola. Nell'*opus*, che passo passo si va definendo, accade allora che materiali comunemente considerati lontani tanto dalla bellezza quanto dall'utilità, rinascano a nuova vita, emergendo dal buio e dal silenzio. Riguardo alla sua opera *Nodi*, Romano scrive che si tratta di "interstizi in cui si manifesta l'invisibile e si trasfigura il visibile, in cui lo spirituale e il concettuale enfatizzano il punto di frattura e il limite come soglia drammatica". Ci si presenta, in queste immagini e in questo dialogo della luce con l'oscurità, una questione che, in modi e forme diverse, ha attraversato l'estetica bizantina come le avanguardie novecentesche. Per Giovanni Damasceno il Dio invisibile era divenuto visibile attraverso l'incarnazione: "se l'Invisibile diviene visibile nella carne, puoi fare l'immagine di Lui che si è fatto visibile nella carne". Ecco perché le icone costituiscono il tramite che, dal visibile, conduce all'invisibile e l'iconostasi diviene, per Pavel Florenskij, il confine fra il mondo visibile e il mondo invisibile. Distruggere le icone, egli scrive, "significa murare le finestre".

Quando Romano dice di sé di sentirsi "un artista bizantino", dichiara la sua scelta di non consegnare la propria opera ad una dimensione puramente estetica ma di prendere posizione sul piano morale. È chiaro, infatti, che Romano non intende richiamarsi al complesso sistema teologico nel quale l'artista bizantino si riconosceva pienamente: egli vuole piuttosto indicare agli artisti la loro responsabilità rispetto alla condizione umana, aprendo un varco verso territori che, fuori da ogni nostalgia metafisica, possano rappresentare un'utopia possibile, nella direzione di un autentico rapporto Io-Tu. Ecco perché avverte la necessità di "affermare l'essere affondato nella vita degli altri uomini, nella vita comune. Essi costituiscono il mio messaggio di solidarietà [...] Come artista bizantino incarno questo potenziale di sofferenza". In *Convitto. Il pasto sordo*, Romano concepisce il luogo che accoglie l'opera come un coro di voci mute: "un urlo soffocato simboleggia il pasto della nostra comunità infelice, incapace di reagire, di crescere, di tollerare, di essere". Le sue immagini di sofferenza ci parlano di oggetti che, al di là della seduzione dei simulacri, presenti nella *società dello spettacolo*, nella quale siamo immersi, raccontano la loro cruda storia, sottraendosi al limbo dell'omologazione. Entro questo orizzonte Alfredo Romano coglie il nesso tra il manifestarsi delle immagini e la loro apertura verso l'invisibile, tra la parola e il silenzio. L'artista bizantino riconduceva la dimensione del mistero al divino, Romano ci propone oggetti che non sono autoreferenziali e aprono anch'essi ad un inesprimibile che si pone però, consapevolmente, all'interno di un'esperienza postmetafisica. Tutto ciò non conduce mai ad esiti nichilistici e la tragica accettazione della sofferenza e del male costituisce la condizione per proporre un modello di *koinonìa* in cui il messaggio della bellezza non possa mai considerarsi svincolato dal rapporto con l'altro, nella

42 *Sueño*, 1996
43 *N-ODI*, 1998

dimension of the reality we are close to. Plato wrote in the *Gorgias* (507): "he who is incapable of communion is also incapable of friendship. And philosophers tell us, Callicles, that communion and friendship and orderliness and temperance and justice bind together heaven and earth and gods and

men, and that this universe is therefore called Cosmos or order, not disorder or misrule, my friend".[1]

In the path Alfredo Romano has chosen, the confines between the aesthetic and ethical sphere dissolve and the "Byzantine artist" can thus embrace Plato's classical message (*Convivium*, 202), according to which happiness is firmly bound to justice and we can only truly call happy "those who possess both goodness of heart and beauty". The need to take part in suffering, which is a distinctive trait in his work, firmly roots Romano in a model of solidarity which is typical of Mediterranean cultures, though this rootedness does not prevent him from understanding how complex and conflictive this identity is. His love of Greece and the sunny landscapes which evoke great contrasts, is always with an eye to Europe. And Europe is always thought of as a grand version of Greece, as it was for Alberto Savinio. The Greek world has taught us that the issue of identity cannot be posed without confronting difference. Hegel, in his *Lessons on the History of Philosophy*, wrote that "Greece does not have great formations, but small masses linked to one another, especially by means of the sea". Moreover, the Mediterranean with its many inlets "is not an Ocean which leads towards uncertainty, … instead it encourages man to enter into relation with it". Those who venture into the vastness of the ocean, can sometimes lose the nostalgia of returning. This is not the case of those who move between land and water and internalize the concept of limit. Each experience, then, takes one back to the beginning, in a vital totality, as in a circular movement where nothing is lost or forgotten but everything is born again in different forms.

If the vastness of the ocean reminds us of Melville's Captain Achab, then the nostalgia of the homeland recalls the Mediterranean and Homeric Ulysses. Romano lives his insularity recognising in his land – Sicily, at the centre of the Mediterranean – a privileged place, and one that is at the same time marked by heavy wounds, where differences have always been both conflictory and fruitful. In this sense his work testifies this *polemos*, which certainly represents a constitutive tassel of the Greek inheritance. "The external *polemos* – writes Massimo Cacciari in his *Geo-filosofia dell'Europa* – opens our gaze to *stasis*, to interior war. And this harmony, this connection between *polemos* and *stasis*, between external war and interior war, is the *polis*… Thus the unity of the *logos* cannot but signify the original communion of differing". This is why the archipelago in which Romano moves, meeting different cultures and traditions, feeding on a past which translates into project, is both Mediterranean and European, if it is true that European identity lies in the wealth of its differences.

The plural always has the better on the singular, said Braudel in writing about the Mediterranean: "there are ten, twenty, one hundred Mediterraneans, and each of them in turn is subdivided… The sea in the end has forced everyone to live together, but as hostile brothers in opposition to one another. Even the sky and the colours are different from one end to the other of Sicily: The East is lighter; the surface of the water tending more to purple than blue, black as wine, said Homer, the Cyclades are blobs of luminous orange, Rhodes a black mass, Cyprus an intense block of blue. This is how I saw them one afternoon, flying from Athens to Beirut". Romano's work is linked to the culture and colours of this landscape, and reminds us that only identity capable of containing difference, far from any ideological preclusion, can immunise us as much from the dangers of fundamentalism as from those of homologation.

1 Translation in English from the Greek text by Benjamin Jowett.

44 *Feritoie. Rammendi*, 1992
45 *Senza titolo*, 1987

convinzione che ciascuno di noi, dissonante e plurale in se stesso, deve aprirsi a quel cosmo comune che si pone al di là di ogni compiacimento narcisistico. Il percorso artistico ed esistenziale di Alfredo Romano ci rimanda costantemente alla dimensione della *cura* nei confronti della realtà che ci è prossima. Scrive Platone nel *Gorgia* (507): "impossibile è vivere in una umana relazione se non c'è amicizia. Chi se ne intende dice, invece, o Callicle, che cielo e terra, dei, uomini, sono collegati in un tutto grazie all'unione, all'amicizia, all'armonia, alla temperanza, alla giustizia, e che per tale ragione, amico mio, questo tutto è chiamato 'cosmo' (ordine), e non 'acosmìa' (disordine) e dissolutezza".

Nella scelta *inattuale* di Alfredo Romano, i confini tra l'ambito estetico e l'ambito etico si dissolvono e "l'artista bizantino", può, allo stesso tempo, far proprio il messaggio classico di Platone (*Convivio*, 202) secondo cui felicità e giustizia sono saldamente connesse e possiamo chiamare veramente felici solo "coloro che possiedono bontà e bellezza". L'esigenza di condividere la sofferenza degli altri, che caratterizza la cifra della sua ricerca artistica, costituisce il radicamento di Romano nel modello solidaristico tipico delle culture mediterranee, ma tale radicamento non gli impedisce, tuttavia, di cogliere quanto complessa e conflittuale sia questa identità. L'amore per la Grecia, per i paesaggi assolati che evocano grandi contrasti, si manifesta sempre con uno sguardo rivolto all'Europa. E l'Europa viene sempre pensata, alla maniera di Alberto Savinio, come una Grecia in grande. Il mondo greco ci ha insegnato che non può porsi la questione dell'identità senza confrontarsi con la differenza. Già Hegel, nelle sue *Lezioni sulla filosofia della storia*, aveva scritto che "in Grecia non si formano masse grandiose, ma le piccole suddivisioni formano masse che stanno in rapporto, specialmente per mezzo del mare". Il Mediterraneo, inoltre, con le sue molte insenature, "non è un oceano, che conduce verso l'incerto, … esso invece addirittura invita l'uomo ad entrare in relazione con esso". Chi si avventura nella dismisura dell'oceano, smarrisce, talora, la nostalgia del ritorno. Non accade così per chi si muove fra terra e mare e interiorizza il concetto di limite. Ogni esperienza, in questo caso, riconduce all'origine, in una vivente totalità, come in un movimento circolare in cui nulla è dimenticato o perduto ma ogni cosa rinasce infinitamente sotto forme diverse. Se allora la dismisura dell'oceano fa pensare al capitano Achab di Melville, la nostalgia del luogo d'origine richiama alla memoria il Mediterraneo e l'Ulisse omerico. Romano vive la sua insularità riconoscendo, nella sua terra, la Sicilia, al centro del Mediterraneo, il luogo privilegiato, e insieme segnato da gravi ferite, in cui le differenze si sono da sempre manifestate, contemporaneamente, in modo conflittuale e proficuo. In tal senso la sua opera è testimonianza di questo *polemos,* che rappresenta certamente uno dei caratteri costitutivi dell'eredità dei greci. "Il *polemos* esterno – scrive Massimo Cacciari in *Geo-filosofia dell'Europa* – apre lo sguardo alla *stasis*, alla guerra interiore. E questa armonia, questa connessione fra *polemos* e *stasis,* tra guerra esterna e guerra interiore, è la *polis*… L'unità del *logos*, a sua volta, altro non potrà significare che l'originaria comunanza del differire". Ecco perché l'arcipelago nel quale Romano si muove, incontrando tradizioni e culture diverse, nutrendosi di un passato che si traduce in progetto, è insieme mediterraneo ed europeo, se è vero che l'identità europea risiede proprio nella ricchezza delle sue differenze.

Il plurale ha sempre il sopravvento sul singolare, ha scritto Braudel a proposito del Mediterraneo: "esistono dieci, venti, cento Mediterranei, e ognuno di essi è a sua volta suddiviso… Il mare infine ha obbligato tutti a vivere insieme, ma come fratelli nemici che si contrappongono in tutto. Persino il cielo e i colori sono diversi da una parte all'altra della Sicilia: l'Est è più chiaro; sul mare più viola che blu, nero come il vino, diceva Omero, le Cicladi sono macchie di un arancio luminoso, Rodi una massa nera, Cipro un blocco di blu intenso. Le ho viste così, un pomeriggio, in volo da Atene a Beirut". L'opera di Romano si riconosce nella ricchezza culturale e cromatica di questo paesaggio, ricordandoci che solo un'identità capace di riconoscere in sé le differenze, al di là di ogni preclusione ideologica, è in grado di immunizzarci tanto dai pericoli dell'integralismo quanto da quelli dell'omologazione.

46 *Feritoie. Rammendi*, 1994
47 *Il cilindro, la torre, i carrelli, i fuochi*, 1987
particolare / detail

1988-1989. Convitto. Il pasto sordo

(il tavolo, le formelle, i cunei, i sarcofagi)

Questi lavori rappresentano la prima reinvenzione, dove pittura, scultura ed architettura coesistono, riformalizzando lo spazio e il tempo come memoria: le formelle rimandano alla nostra cultura popolare, agli ex voto, le icone di gesso sono rovesciate, svuotate, sorde, esse rievocano l'atmosfera di un tempo e di un luogo preciso; cerco, in esse, di restituire tutta l'intensità reale, l'energia interna all'apparenza; i cunei conficcati alla parete sono protuberanze rivolte a qualcosa che non è bilanciato.

1988-1989. Convitto. Il pasto sordo

(Boarding School. The Deaf Meal) (the table, the empty icons, the wedges, the sarcophagi)

These works represent the first reinvention, where painting, sculpture and architecture coexist, re-formalising time and space as memory. The panels refer of our popular culture, to the "ex voto", the icons made of plaster are overturned, emptied, deaf. They recall the atmosphere of a specific time and place; I try in them to conjure up all the real intensity, the energy inside appearance; the wedges stuck in the wall are projections turned towards something that is not balanced.

48 *Pasto sordo, 1988-1989*

1993. Feritoie e Rammendi

Feritoie e Rammendi nasce come una litania, una preghiera, articolata tra rivelazione e nascondimento. Sono pagine di un diario di immagini trovate e raccolte in questi anni; fatti di cronaca politica, immagini di violenza, di morte, di luoghi devastasti, di memorie decapitate, assemblati a legni mutilati, recuperati, bruciati, unti, che trasudano attraverso una lenta sedimentazione. Ogni formella racconta la propria storia, il proprio tempo, oggetti e immagini strappati al loro silenzio, rovine di un tempo vuoto, attraverso il rovescio della propria voce.

I rulli di ferro, adagiati su un tavolo fratino, sono il segno sensibile della nostra presenza nell'universo. Ogni immagine custodita in lini bianchi, attraverso le feritoie, trova la sua compenetrazione nella bivalenza simbolica: vita - morte - luce - lutto. Questo progetto è inteso a dar valore al presente, ai suoi frammenti, ai suoi residui: è una riappropriazione dello scarto sociale e linguistico.

Tra rimosso e assente è segno iscritto, materiale di una mancanza irriducibile, di una perdita irreversibile, storica. L'accumulo dell'infinito narrativo evoca il passato ed il presente, il nostro disagio, la nostra impotenza. Lavori, questi, con cui cerco un equilibrio interno, un peso morale, rivendico il ruolo dell'artista che è sempre stato all'opposizione, che ha rappresentato valori molto grandi.

Nel mio lavoro è presente una richiesta di integrità culturale: riconoscere i propri confini popolari che hanno prodotto una grande cultura. Proprio per questo rifiuto ogni tipo di assimilazione coloniale; in questo senso ed in questa direzione, voglio restituire all'arte qualcosa che è andato perduto.

Il mio lavoro è un'idea che trasferisce al mondo esteriore, nella forma spirituale, un accordo trascendentale; con le concezioni del mondo interiore, con la coscienza, esso è fatto della profondità della storia, della nozione del presente.

1993. Feritoie e Rammendi (Loop-holes and mends)

Feritoie e rammendi is conceived as a litany, a prayer, articulated between revelation and concealment. They are the pages of a diary of images that I have found and assembled over the years: news items, images of violence, death, devastated places, broken memories, mounted on mutilated, burnt, greasy remnants of wood, that bleed through a slow sedimentation. Each small panel tells its own story, its own time, objects and images torn from silence, ruins of an empty time, through the reverse of one's voice.

The iron rolls resting on a convent table are the tangible sign of our presence in the universe. Each of the images guarded in the white linen, through the loop-holes, finds its correspondence in the symbolic bivalence: life - death, light - mourning. This project is intended to value the present, its fragments and its residues: it is the re-appropriation of social and linguistic waste. Between removal and absence is the inscribed sign, material of an irreducible absence, of an irreversible historical loss. The accumulation of infinite narratives evokes the past and the present, our unease, our impotence. These are works through which I seek an interior balance and moral weight, through which I reclaim the role of the artist, who has always been at the opposition, who is the bearer of great values.

In my work there is a demand for cultural integrity: the acknowledgement of one's popular roots, which have produced a great culture. This is the reason I refuse any kind of colonial assimilation; in this sense and in this direction I want to return to art something which has been lost. My work is an idea, which transfers to the exterior world, in a spiritual form, a transcendental harmony. Imbued with inner life and consciousness, it contains the profundity of history, the awareness of the present.

49 *Feritoie*, 1991

PAGINE SEGUENTI / FOLLOWING PAGES
50 *Feritoie. Rammendi*, 1993
51 *La stanza sorda*, 1993

1994. Nodi (*una stanza a Madrid*)

I nodi sono il nostro piccolo spazio
mentale in cui custodiamo, raccogliamo
i resti dolorosi, i frammenti della
nostra esperienza depositati dalla
nostra memoria.
I nodi sono la zona buia silenziosa.
I nodi sono gli interstizi in cui si
manifesta l'invisibile e si trasfigura
il visibile, in cui lo spirituale ed il
concettuale enfatizzano il punto di
frattura ed il limite come soglia
drammatica.
I nodi sono le interferenze attraverso
le quali cerco una relazione con la
nostra condizione sociale ricollegabile
alla violenza della nostra condizione
umana attuale.
I nodi sono il campo d'urto dove cerco
di provocare un cortocircuito
comunicativo e di mantenere un allarme
perenne.
I nodi sono il mio confine di
resistenza.

1994. Nodi (*Knots*) (*a room in Madrid*)

Knots are the small cerebral space in
which we gather and guard our sorrowful
remains, the fragments of our
experience deposited in our memory.
Knots are the dark and silent zone.
Knots are the interstices in which the
invisible manifests itself and the
visible is transfigured, in which the
spiritual and the conceptual emphasise
the point of fracture and the limit as
a dramatic threshold.
Knots are the interferences through
which I attempt to relate to our social
reality referable to the violence of
our present human condition.
Knots are a field of collision, where I
try to create a communicational short
circuit and to maintain a perpetual
state of alarm.
Knots are my frontier of resistance.

52 *N-ODI, 1994*

1995. Per Valencia

Vorrei che il mio lavoro fosse un canto, che lasciasse passare un silenzio e che si allontanasse verso un punto di aspirazione comune.
Vorrei che obbedisse all'accumulazione dei fatti storici secolari della nostra tradizione, al sentimento di esistenza, e che risvegliasse quel senso di identificazione istintiva che passa attraverso il riconoscimento di un'appartenenza fisica e poetica.
Vorrei che ricucisse ciò ch'è stato offeso e che ricostruisse un senso, come memoria perduta.
Vorrei che balbettasse per mandare in pezzi il mercurio moribondo degli specchi.
Vorrei che avesse la stessa forza coinvolgente della fame.

1995. For Valencia

I would like my work to be like a song, which lets a silence pass by and moves on towards a common point of aspiration.
I would like it to obey the accumulation of the secular historical facts of our tradition, the sentiment of existence, and to rekindle the sense of instinctive identification that comes through the recognition of a physical and poetical belonging.
I would like it to mend what has been offended and to reconstruct a sense, like a lost memory.
I would like it to stutter so that it may shatter the moribund mercury of mirrors.
I would like it to have the same enveloping force of hunger.

Francesco Gallo

The Post-Modern Course of History.
Life's Material and Spiritual Qualities.
Discovering the Artist's Roots and Work.
Comment for Alfredo Romano

Postmodernism, a conceptual, elastic, expanding, contractible, light, virtual paradigm, does not mark the end of history. It does not delete the form and content of writing, undermine the thread of historical identity, or sweep away the concept of culture. Contradiction and dissemination, dissertation and doubt dwell there, conceiving rhizomatic paths of being and appearing, raising the crisis concept of the constant search for the self from the bottomless depths of perdition to a symbol of anabasis.

Tradition awakens as the specular enigma of becoming that removes every philosophical destiny from the arrows of time proposing the past as wealth, energy, story, essay, fairy-tale of identity. For every Aeneas that _flees_, travels, remembers and lays foundations, holding his young son Ascanius by the hand and burdened with his infirm father Anchises, signifies taking along with one a zodiac of desires, a compass of directions, in the constant loss of codes and even signs.

Identity and crisis raise order and disorder to the level of drama and tragedy, but also to that of comedy and games, as chaos becomes cosmos. Here one continually appears and disappears, arousing the disorder and anxieties of common sense, of feelings and intelligence, of _esse_ and _percipi_, to constant invention, to phenomenal multiplications that wake in dreams and sleep in wakefulness, like fairy-tales, myths, mobile texts crossing lands marked by a layering of rituals, myths, obsession and illusion.

Identity takes on the appearance of crisis, told in the form of a fairy-tale, which grows bit by bit as it decreases and decreases bit by bit as it grows. Doubting it belongs to uncertainty, to searching beyond old and new sclerosis in an ancient flight that marked the notion of history and translated it into living material, into changing civilisations, with interrupted elements of evident tremors that are traumatic to the point of conflicting with all the linguistic elements of the system of communication and expression, of the imaginary and the conceptual.

So it means beginning where others break off, jumping from break to break, being careful not to fall into the despair of nothingness, which is the dispersion of the being in its opposite, non-being, if there is no protective net of chaos.

Crisis becomes a way of becoming familiar with the illusion that nothing can happen that has not already happened, that every enigma is inserted into a regular series of enigmas, on the condition that one belongs to a place, to an active tradition, capable of perforating the rubbery layers of commonplaces.

Just as the ancient heroes knew how to descend to the underworld, it is necessary to know how to be with one's own extraneousness, with one's nightmares, with the turmoil of ill-being, while remembering that everything that happens is human and therefore an enigma destined to be solved by the power of intelligence.

Crisis is a storm to be governed, fought, hated, loved, desired because it signals the salient moments of life and draws the outlines of death, assigning a strategic role to language exactly when strategies become difficult, if not impossible, due to the breaking up of platforms of saying, of doing, of the imaginary. At the same time it becomes necessary to construct for oneself the tools of the form and extensions of content, of being inside, of being outside.

Theory wanes in that it dries up as immutable truth, always equal to itself, capable of being a factor that establishes norms, to side with, take up the cause and discover new things, the threads of eternity and the dawn of partiality that contain the echoes of what the world was seen by a government foreign to the sufferings that arise as much from the violent impact of bodies as from that of spirits.

In an era of unrest and uncertainty, theory becomes a transient stage, a constant passage that widens and lengthens, stretching out on the map of the unknown, which gets ever smaller on the one side while growing out of all proportion on the others. It confines intelligence within the sphere of possibility and probability (in the most fortunate of cases) while certainty, or certainties, are nothing but flashes of actuality destined to the noble historicism of the past that moves increasingly further away like the mythical nature of the convergence of names and things, like the happiness of lost time.

55 _Feritoie_, 1991

Il postmoderno, paradigma concettuale, elastico, estensibile, restringibile, leggero, virtuale, non segna la fine della storia, non cancella la forma e il contenuto della scrittura, sconvolge la trama dell'identità storica, travolge il concetto di cultura. In esso abitano la contraddizione e la disseminazione, la dissertazione e il dubbio, concependo percorsi rizomatici dell'essere e dell'apparire, innalzando il concetto di crisi, da profondità abissale della perdizione a simbolo dell'anabasi, della continua ricerca del sé.

La tradizione si desta come enigma speculare di un divenire che toglie alla freccia del tempo ogni destino filosofico, proponendo il passato come ricchezza, energia, racconto, saggio, favola d'identità. Nel perdimento continuo del disfarsi dei codici e persino dei segni, tenere per mano il figlioletto Ascanio, gravati dal peso del padre Anchise, per ogni Enea che *fugge*, che viaggia, che ricorda, che fonda, significa portare con sé uno zodiaco di desideri, una bussola di orientamenti.

L'identità e la crisi innalzano l'ordine e il disordine al rango del dramma e della tragedia, ma anche della commedia e del gioco, come in un caos che si fa cosmos, ma in cui continuamente si appare e si scompare, destando il disordine e le ansie del senso comune, del sentimento e dell'intelligenza, dell'*esse* del *percipi*, a continue invenzioni, a moltiplicazioni fenomeniche che si destano nel sogno e si assopiscono nella veglia, come le favole, come i miti, testi mobili di un attraversamento di terre segnate dallo statificarsi di riti, miti, rovelli, lusinghe.

L'identità assume le sembianze della crisi, raccontata in forma di favola, che cresce man mano che decresce e decresce man mano che cresce, la sua messa in questione appartiene all'incertezza, alla ricerca oltre la sclerosi del vecchio e del nuovo, nella via di fuga dell'antico che segna la nozione della storia e la traduce in materia vivente, in mutazione di civiltà, con elementi di discontinuità dei sussulti molto evidente, traumatici al punto da entrare in conflitto con tutti gli elementi linguistici del sistema di comunicazione e di espressione, dell'immaginario e del concettuale.

E allora si tratta di iniziare dove altri si interrompono, saltando di frattura in frattura, attenti a non cadere nella disperazione del nulla, che è dispersione dell'essere nel suo opposto, il non essere, se non ha la rete di protezione del caos.

La crisi diventa metodo di conoscenza, a patto di appartenere a un luogo, ad una tradizione attiva, capace di perforare gli strati gommosi dei luoghi comuni, dell'illusione che nulla possa accadere che non sia già accaduto, che ogni enigma si inserisce in una serie regolare di enigmi.

Bisogna saper stare con la propria estraneità, con gli incubi, con i rimescolamenti del malessere, come gli antichi eroi sapevano scendere negli inferi, ma con l'idea che tutto ciò che accade è umano e quindi enigma destinato ad essere sciolto dalla potenza dell'intelligenza.

La crisi è una tempesta che va governata, combattuta, odiata, amata, desiderata, perché segna i tratti salienti della vita e disegna i confini della morte, assegnando al linguaggio un ruolo strategico, proprio mentre le strategie sono rese difficili, se non impossibili, dal frantumarsi delle piattaforme del dire, del fare, dell'immaginario e diventa necessario costruirsi, contemporaneamente, gli strumenti della forma e le estensioni del contenuto, dell'essere dentro, dell'essere fuori.

Tramonto della teoria, come esaurirsi della verità immutabile, sempre uguale a se stessa, capace di essere fattore normativo, rispetto a cui schierarsi, prendere insegne e scoprire cose nuove e trame dell'eternità ed alba delle parzialità che contengono gli echi di quello che era il mondo visto da un governo esterno alla sofferenza che nasce tanto dall'impatto violento dei corpi, quanto da quello degli spiriti.

Nell'era dell'inquietudine e dell'incertezza, la teoria diventa una tappa transuente, un passaggio continuo che si dilata e si dilunga, distendendosi sulla mappa dell'ignoto che si riduce sempre più da una parte e si allarga a dismisura da tutte le altre, confinando l'intelligenza nell'ambito della possibilità e della probabilità (nell'ipotesi più fortunata) mentre la certezza, o le certezze, non sono che lampeggianti dell'attualità destinati alla

56 *Feritoie. Rammendi,* 1992

The path of history becomes one with the apostrophe of lightness, with the evidence to bring with one, with the indispensable marks of recognition that allow one to overcome the insult of diffidence and get on with the ritualising of discourse.

It is the ability to accompany death, to court it, to love it, even to succeed in ressembling Ulysses before the Sirens, without though becoming infected by its cankerous pustules of decomposition. It is the ability to put together a collection of tools suitable for the unknown and to continue searching for the original, sited half-way between dream and reality in a state of delirium that is projected into the beyond, where multiplicity mirrors an oracular consultation of the entrails of what has already happened, in order to understand what can still happen in the world's graffiti.

While we are attempting to descend, guided by the artist's learned blindness, into the heart of all those things animated by meaning, play, or tragedy we are driven back into a pneumatic condition, as fascinating as being in love; as contaminating as a conjugation to infinity.

Material nature is understood as the traversing of matter to ascertain its very persistence in the virtual age; its weight, its form, its ability to invest space. It is understood as its consistency and reality, beyond the dominion of the network.

One is searching for the colour and flavour that stem from archaeology of knowledge, projected into the future like the beginning of a science fiction novel, where the past, the remote past and the future are linked by a thread of cause and effect, forcing the laws of mechanics and physics, bending them into a plot of *conspiratio oppositorum*.

It looks like the mirror-image of ourselves as the archaeological relics that we are, with all the marks of tragedy and a decalogue of damnations upon us, together with pride for having brought this travail, in the twilight of style, to a new mark beyond the threshold of its specific nature, in the face of its disappearance, witness of the vitality of art in relating to the *particulare* of the creative personality, which shifts the borders themselves of reality, its etymon.

Spirituality and dialectics of wisdom-folly are the coordinates of an impossible dialogue of art with the normality of commonplaces, since everything can be taken in at the hour of transfiguration and become something else by itself. Every place can change into its opposite, every condition can rise with a metaphysical effect equal to the ecstatic rapture of contemplation; true alchemy without alembics or purifying fires. Humble objects, metal skeletons, celibate machines line up and are discovered as objects of unconscious sensual desire, like challenges that come from an unknown corner of the mind but capable of awakening dreams in sleep, initiating a disconcerting, but also highly seductive, psychological reaction, oscillating between accumulation and dissipation concretised in every thing that happens.

The life and jaundiced illness of personal creativity are the metaphor of the metaphor of life, in its creative, depressive, saturnine and schizophrenic course of the ill that accompanies it in the laborious movements of the scores of memory, made up of layers and layers of linguistic sediment, legible in a philological key with a high spirit of objectivity. At the same time, the thermometer rises, skin colour changes and deformities emerge.

This gives rise to a desire for disguise or deceit in order to give a semblance of wisdom to the ramblings of madness and to free what is extraordinary from the break-up of language and channel it into a sphere of research that will lead to an investigation into the fragments of civilisation that have remained with us, so that they can assume new meanings after having been invested with other, by now obsolete, ones.

The artist's work and this comment on Alfredo Romano were the source for these reflections on the quality of the isolated individual, far from city rhythms and able to slow down the succession of time, devising a multiplying dialogue on the unchanging nature of things. This opportunity comes from the physical or illusory redundancy of the comparison between psychology and artifice, endowing them with properties that the material itself does not possess, unless through transfer, by way of a constant flow that comes out and penetrates

storicità nobile del passato che sempre più si allontana come miticità della convergenza dei nomi e delle cose, come felicità del tempo perduto.

Cammino della storia, fa tutt'uno con l'apostrofo della leggerezza, dei reperti da portare con sé, degli indispensabili segni di riconoscimento che permettono di superare l'insulto della diffidenza e procedere alla ritualizzazione del discorso.

È la capacità di accompagnare la morte, di corteggiarla, di amarla, persino, senza farsi contagiare dalle sue cancrenose pustole di disfacimento, riuscendo ad essere come Ulisse nei giorni delle sirene, raccogliere un campionario di strumenti adatti all'ignoto a proseguire la ricerca dell'originale, situato a metà fra sogno e realtà, in un *delirium* che è proiezione nell'*oltre*, laddove la molteplicità è specchio di una consultazione oracolare delle viscere del già accaduto, per comprendere ciò che può ancora accadere nel graffito del mondo.

E mentre cerchiamo di scendere, guidati dalla *sapiente cecità* dell'artista, nel cuore di tutte le cose animate di senso, di gioco, di tragico, veniamo respinti in condizione pneumatica, affascinante tanto quanto l'innamoramento, contaminante come una coniugazione ad infinito. Materialità come attraversamento della materia, alla verifica della sua stessa persistenza nell'età virtuale, del suo peso, della sua forma, della sua capacità d'investire la spazialità, come sua consistenza e realtà, oltre il dominio del network.

Alla ricerca del colore, del sapore, che proviene da un'archeologia del sapere, proiettata nel futuro come un incipit di romanzo di fantascienza, dove passato trapassato e futuro lontano, si tendono un filo di causa ed effetto, sforzando le leggi della meccanica e quelle della fisica, piegandole ad una trama di *conspiratio oppositorum*.

Sembra la nostra immagine allo specchio, di noi che siamo relitti archeologici, con addosso tutti i segni della tragedia, con il decalogo delle condanne, ma anche con l'orgoglio d'aver portato il travaglio, nel crepuscolo dello stile, ad una nuova impronta, oltre la soglia della sua specificità, in ribalta della sua scomparsa, testimonia della vitalità dell'arte a rapportarsi al *particulare* della personalità creativa, che sposta i confini stessi della realtà, il suo etimo.

Spiritualità e dialettica di saggezza-follia, sono le coordinate di un impossibile dialogo dell'arte con la normalità dei luoghi comuni, perché tutto può essere accolto nell'ora della trasfigurazione e diventare altro da sé; ogni luogo si può trasformare nel suo opposto, ogni stato può lievitare, con un effetto metafisico equivalente al rapimenti estatico della contemplazione, vera alchimia senza alambicchi e fuochi purificatori.

Oggetti poveri, scheletri metallici, macchine celibi, si allineano e si scoprono come oggetti di un desiderio inconsapevole e sensuale, come sfide che vengono da un ignoto angolo del genio, eppure capaci di destare il sogno nel sonno, mettendo in moto una reazione psicologica di sconcerto, ma anche di grande seduzione, con una oscillazione di accumulazione e dilapidazione che si concretizza in ogni accadere.

Vita e ittero della personalità creativa sono la metafora della metafora della vita, nel suo percorso creativo, depressivo, saturnale, schizofrenico, della malattia che l'accompagna nel faticoso dirigersi degli spartiti della memoria, fatta di strati e strati di sedimenti linguistici, leggibili in chiave filologica, con alto senso dell'oggettività: il tutto mentre sale la febbre, cambia il colore della pelle e si compongono le deformità.

Da ciò nasce il desiderio di travestimento, d'inganno, per dare parvenze di saggezza agli sproloqui della follia e svincolare lo straordinario dal disfacimento del linguaggio e incanalarlo in un ambito di ricerca che porta ad indagare sui frammenti della civiltà che sono rimasti tra noi, per vestirsi di nuovi significati dopo essere stati investiti di altri ormai superati.

Opera dell'artista e commento ad Alfredo Romano, sono la fonte di queste riflessioni sulla qualità dell'individuo isolato, lontano dal ritmo metropolitano, in grado di rallentare il susseguirsi del tempo, imbastendo un dialogo moltiplicatore della fissità delle cose.

Il mezzo è dato dalla ridondanza fisica o illusoria del confronto tra psicologia e artifici, dotandoli di proprietà che la materia in sé non possiede, se non per trasferimento, per continuo flusso che esce e penetra nella durezza del metallo, conferendo un'aura all'asprezza

the hardness of the metal, giving an aura to the sharp cuts, softness to the rigidly soldered junctions, lightness to its impact on the environment.

It is all about concentration, attraction and compliance with the absolute, to the freeing of environmental bonds towards the obscenity of function. It is all converted on the multiplied plane of poetry, sliding from plane to plane, up to supposing a mysterious nucleus which is *archè*, like origins, naivety, astonishment, *factura*, simple and complex, like every synthetic work, based on an alchemical cultural procedure.

Romano attempts to discover the roots of dialectics between global language and local intertwining, like tension between the extremely large and the infinitely small. At the same time the chimera of *glo cal* comes into being, to be understood as an act due to a reality that has become spectacle, deviation, entertainment, real show, simultaneousness, virtuality, pushed horizontally and vertically by the culture of cloning and so-called international art.

In audio video terms everything seems to be taken for granted and there is no opacity that can hide a *quid* from the electronic eye, capable of enlarging a grain of sand to titanic proportions, or from the ear of Dionysus, capable of making rustling leaves thunder. This results in a discovery of the thaumaturgical virtues of the *genius loci*, participant in the universal language of signs and excavator of the archaeology of memory. A strange guru figure without followers, but creator of an extremely modern antiquity, where contamination summed to difference is in force in a linguistic polygon where the target is provided by a narcissic restlessness of the self, in constant transverse shifts, windings, alienation, seduction and disconcerting naming.

58 *Memoria*, 1988

dei tagli, una morbidezza alla rigidezza delle saldature, una leggerezza agli impatti d'ambiente.

Tutto è concentrazione, attrazione, remissione all'assolutezza, allo scioglimento di vincoli dell'ambiente nella sconcezza della funzionalità: tutto si converte sul piano moltiplicato della poesia, con uno scivolamento di piano in piano, fino ad ipotizzare un nucleo di arcano che è *archè*, come origine, ingenuità, stupore, factura, semplice e complessa, come ogni opera sintetica, basata su di un procedimento culturalmente alchemico.

Romano lavora alla scoperta delle radici della dialettica tra linguaggio globale e magliature locali, come tensione tra estremamente grande e infinitamente piccolo, mentre nasce l'ircocervo del *glo cal*, da intendersi come atto dovuto nei confronti di una realtà divenuta spettacolo, spaesamento, divertimento, real show, simultaneità, virtualità, spinta orizzontalmente e verticalmente dalla cultura della clonazione e della cosiddetta arte internazionale.

Tutto appare scontato in termini audio video e non c'è opacità che possa nascondere un quid all'occhio elettronico, capace di ingrandire a titano un granello di sabbia, all'orecchio di dionisio capace di far tuonare uno stormire di fronde. Da ciò la scoperta delle virtù taumaturgiche del genius loci, partecipe della lingua universale dei segni e scavatore nell'archeologia della memoria, una figura strana di guru senza seguaci, ma artefice di una antichità modernissima, dove vige la contaminazione sommata alla differenza, in un poligono linguistico dove il bersaglio è dato da una narcisica irrequietezza del sé, in spostamento continuo di trasversalità, avvolgimento, straniazione, seduzione, sconcertante nominazione.

59 *Feritoie. Rammendi*, 1993
particolare / detail

1987. Il cilindro, la torre, i carrelli, i fuochi

Nascono dalla necessità di apertura dei limiti del quadro. Il primo indica l'immobilità, lo spazio chiuso come un grembo che si chiude in se stesso, un micro mondo. Questo volume è per me un'architettura spirituale come un luogo religioso. Uno spazio silenzioso, assoluto, carico di sentimenti, di interiorità. All'interno esso ha due aperture, due porte o cavità: una è diretta verso nord, l'altra verso sud. Il luogo dove s'identifica lo spazio di Dio e quello dell'uomo è il simbolo della materia che si fa corpo. La torre, i carrelli, i fuochi sono il "viaggio assente". Questo lavoro evoca l'idea del movimento come fatto interiore, la ricerca dei confini culturali; posto verso levante, sulla spiaggia di Vendicari, in questa regione estrema, è presenza nel tempo, segnale per un viaggio, per una mobilità interiore.

1987. The cylinder, the tower, the trolleys, the fires

They stem from the need to open the limits of painting. The first indicates immobility, a closed space like a womb withdrawing into itself, a micro world. This volume is for me like a spiritual architecture, a religious place. A silent space, absolute, loaded with sentiment and inner life. Inside there are two apertures, two doors or cavities, one pointing North and the other South. The place which identifies the space of God and that of man is the symbol of matter which becomes body. The tower, the trolleys, the fires, are the "absent voyage". This work evokes the idea of· movement as an interior event, as the search for cultural boundaries; positioned to the East, on the beach of Vendicari, in this extreme region, it is a presence in time, a signal for a voyage, for an interior mobility.

60 *Il cilindro, la torre, i carrelli,
i fuochi*, 1987
particolare / detail

61 *N-ODI*, 1998. Cd

La drammaticità implicita nelle opere di Alfredo Romano, la denuncia del degrado sociale, della frattura, del soffocamento sembra sempre, nella sua urgenza espressiva, evocare la voce, il suono: "Vorrei che il mio lavoro fosse un canto, che lasciasse passare un silenzio… Vorrei che avesse la stessa forza coinvolgente della fame".Nella musica di Giuseppe Gavazza una diversa urgenza espressiva, che interiorizza il linguaggio musicale e offre all'ascolto direttamente un'emozione, manifesta il simmetrico bisogno che i suoni acquistino una forma, che il senso, già consustanziato nel pensiero che organizza i suoni, si espliciti in una materia. Nascono così *i nodi*, espressione simbolica di un'unione ma anche di una tensione, in cui fra i due linguaggi espressivi non via sia mero accostamento o sovrapposizione ma anzi comunione, consonanza. "I nodi sono gli interstizi in cui si manifesta l'invisibile e si trasfigura il visibile"; il suono invisibile trasfigura la materia visibile in un messaggio, comune ai due artisti, di rigore e di impegno estetico. Gli elementi/segni materiali del lavoro di Romano – la grande ciotola, "urlo soffocato (che) simboleggia il pasto della nostra comunità infelice"; le sedie vuote come coro di voci soffocate – si svuotano di altre indicazioni di significato: la ciotola, le grate, le sedie sono vuote, non ci sono né carte o capelli bruciati, né neri catrami che trasudano. L'opera si dispone ad accogliere un suono, si connota di altri dettagli/dettagli: le gambe delle sedie (12 come i semitoni) sono tagliate a becco come canne d'organo, la ciotola riempita di suono funziona come "lente acustica". Le strutture vibrano da dentro, è la loro voce, che materializzatasi nella musica di Gavazza, si scioglie in *odi* per apparire finalmente, con le parole dello stesso Romano, come un messaggio di solidarietà, un progetto, un'utopia. *Luciana Galliano dalla Presentazione per N-ODI, Galleria Giorgio Persano, Torino, maggio-giugno 1998* Nel CD sono presenti i suoni che ho composto per la mostra presentata alla Galleria Giorgio Persano di Torino nella primavera del 1998. Tutti i suoni – realizzati elettronicamente con il programma di sintesi per modelli fisici Genesis 1.3 dell'ACROE di Grenoble – sono stati creati per il progetto *N-ODI*, pensato, discusso e realizzato con Alfredo Romano; la forma acustica dell'opera nasce dalla sua forma visiva e viceversa. Le tracce da 1 a 22 riportano i suoni relativi all'opera riprodotta in questo catalogo alle pagine 34/37, le tracce da 23 a 35 quelli dell'opera riprodotta alle pagine 38/39 *Giuseppe Gavazza*, Torino, 2002

In their expressive urgency, the dramatic qualities implicit in Alfredo Romano's work, the denunciation of social deterioration, disintegration and suffocation always seem to evoke the voice or sound: "I would like my work to be like a song, which lets silence pass by… I would like it to have the same enveloping force of hunger". In Giuseppe Gavazza's music a different expressive urgency, which interiorises the music and offers the listener a direct emotion, displays a dual need for the sounds to acquire form and for the meaning – already consubstantial in the mind that organises the sounds – to be made explicit in matter. The *knots* originate in this way. They symbolise union but also tension, where there is not just mere proximity or superimposition between the two languages, but communion and concord.
"Knots are the interstices in which the invisible manifests itself and the visible is transfigured"; invisible sound transfigures visible matter into a message, common to both artists, of rigour and aesthetic commitment.
The material elements/signs in Romano's work – the great bowl, "stifled scream (that) symbolises the meal of our unhappy community", the empty chairs like a chorus of suffocated voices – empty themselves of other meanings. The bowl, the grates or the chairs are empty; there is no paper or burnt hair, or black oozing tar. The work prepares itself to receive a sound, it takes on other features/details: the chair legs (twelve, the same number as the semitones) are cut to a point like organ pipes; the bowl full of sounds acts as an "acoustic lens". The structures vibrate from inside; it is their voice that, materialised in Gavazza's music, is released in *odes* to appear, finally, in the words of Romano himself, as a message of solidarity, a project, Utopia. *Luciana Galliano from the presentation of the exhibition* N-ODI *in the Galleria Giorgio Persano, Torino, May-June 1998*. The CD contains the sounds I composed for the exhibition held at the Galleria Giorgio Persano in Turin in spring 1998. All the sounds – realised electronically with a synthesis programme for Genesis 1.3 physical models of ACROE of Grenoble – were created for the project *N-ODI*, conceived, debated and realised with Alfredo Romano: the acoustic form of the work stems from its visual form and viceversa. The traces from 1 to 22 relate to the relative sounds of the work reproduced in this catalogue on pages 34/37; the traces from 23 to 35 relate instead to the work reproduced on pages 38/39 *Giuseppe Gavazza*, Torino, 2002.

1
Cappella di Santa Lucia, Siracusa

2
Convitto Femminile / Women's Boarding School, Siracusa

3
Studio dell'artista / artist's studio
Vecchio ospedale / Old hospital, Siracusa

4
FERITOIE (OMAGGIO A GUTTUSO), 1994
sedia, vetro, pelli, pinze, pittura
chair, glass, leather, pliers, paint
120 x 90 cm

5
UNTO, 1990
ferro laccato, ottone, marmo nero, pelle, cera, grasso
enamelled iron, brass, black marble, leather, wax, grease
308 x 308 x 10 cm
Ex Ospedale San Matteo degli Infermi, Spoleto, 1990

6
Studio dell'artista, interno / artist's studio, interior
Vecchio ospedale / Old hospital, Siracusa

7
SENZA TITOLO, 1993
tavolo su muro medievale, ferro, materiale minerario
table on medieval wall, iron, mining material
Eremo Santa Caterina, Rio nell'Elba, 1993

8
MADONNINA, 2002
madonnina in marmo bianco
white marble little madonna
h. 85 cm
Galleria civica d'arte contemporanea Montevergini, Siracusa

9
Galleria civica d'arte contemporanea Montevergini, Siracusa

10
FERITOIE, 1991
legno, ferro, cera, raso
wood, iron, wax, satin
180 x 150 cm
Galleria civica d'arte contemporanea Montevergini, Siracusa

11
UNTO, 2001
particolare / detail
pelli, pinze, ferro, grasso
leather, pliers, iron, grease

12
UNTO, 2001
N-ODI, 1998
particolare / detail
Galleria civica d'arte contemporanea Montevergini, Siracusa

13
N-ODI, 1998
ferro, lettore CD, CD
iron, CD-player, CD
300 x 275 x 275 cm
suono / sound: Giuseppe Gavazza
Galleria civica d'arte contemporanea Montevergini, Siracusa

14
CREPUSCOLARE, 2002
installazione di luce / light installation
Galleria civica d'arte contemporanea Montevergini, Siracusa

15
MADONNINA, 2002
madonnina in marmo bianco
white marble little madonna
h. 85 cm
Galleria civica d'arte contemporanea Montevergini, Siracusa

16
Galleria civica d'arte contemporanea Montevergini, Siracusa

17
FERITOIE, 1991
legno, ferro, cera, raso
wood, iron, wax, satin
180 x 150 cm
Galleria civica d'arte contemporanea Montevergini, Siracusa

18
FERITOIE. RAMMENDI, 1993
ferro, lino bianco, foto, raso bianco,
iron, white linen, photos, white satin
500 x 70 x 120 cm
Galleria civica d'arte contemporanea Montevergini, Siracusa

19
SENZA TITOLO, 1990
ferro, pelle
iron, leather
100 x 100 cm
SENZA TITOLO, 1990
rame, raso viola
copper, purple satin
100 x 100 cm
Galleria civica d'arte contemporanea Montevergini, Siracusa

20
SENZA TITOLO, 1991
lastra di vetro, pinze, lino
glass pane, pliers, linen
200 x 150 cm
Galleria civica d'arte contemporanea Montevergini, Siracusa

21
PASTO SORDO, 1988
UNTO, 2001
Galleria civica d'arte contemporanea Montevergini, Siracusa

22
UNTO, 2001
pelli, pinze, ferro, grasso
leather, pliers, iron, grease
Galleria civica d'arte contemporanea Montevergini, Siracusa

23
N-ODI, 1998
ferro, lettore CD, CD
iron, CD-player, CD
sedie cad. / each chair: 210 x 50 x 50 cm
suono / sound: Giuseppe Gavazza
Galleria civica d'arte contemporanea Montevergini, Siracusa

24
N-ODI, 1998
ferro, lettore CD, CD
iron, CD-player, CD
300 x 275 x 275 cm
suono / sound: Giuseppe Gavazza
Galleria civica d'arte contemporanea Montevergini, Siracusa

25
N-ODI, 1998
LA STANZA SORDA, 1993
Galleria civica d'arte contemporanea Montevergini, Siracusa

26
LA STANZA SORDA, 1993
alluminio, stoffa nera, raso nero
aluminium, black fabric, black satin
Galleria civica d'arte contemporanea Montevergini, Siracusa

27
LA STANZA SORDA, 1993
UNTO, 2001
Galleria civica d'arte contemporanea Montevergini, Siracusa

28
CREPUSCOLARE, 2002
installazione di luce / light installation
Galleria civica d'arte contemporanea Montevergini, Siracusa

29
Studio dell'artista / Artist's studio
Vecchio ospedale / Old hospital, Siracusa

30
OPERA AL NERO III/IX, 1985
ferro, corda incatramata, pittura
iron, tarred rope, paint
210 x 210 cm

31
SENZA TITOLO, 1990
alluminio, marmo bianco, ottone, lino
aluminium, white marble, brass, linen
250 x 176 cm

32
FERITOIE, 1994
legno bruciato, alluminio, foto, tela
burnt wood, aluminium, photos, fabric
115 x 200 x 70 cm
Palazzo de Lorenzo, Gibellina

33
FERITOIE, 1991
lastre di vetro, lino, pinze
glass panes, linen, pliers
320 x 430 cm
Galleria Giorgio Persano, Milano, 1991

34
FERITOIE, 1994
legno bruciato, argilla, tela nera
burnt wood, clay, black fabric
115 x 200 x 70 cm
Palazzo de Lorenzo, Gibellina

35
FERITOIE, 1992
vetro, pinze, pelle
glass, pliers, leather
100 x 100 x 20 cm
Ileana Tounta Contemporary Art Center, Athens, 1992

36
CUNEI, 1989
vetro, legno, cera, raso
glass, wood, wax, satin
dimensioni ambiente / variable dimensions
Galleria Arco di Rab, Roma, 1989

37
FERITOIE, 1995
legno, raso, foto
wood, satin, photos
dimensioni ambiente / variable dimensions
X Gallery, Athens, 1995

38
N-ODI, 1998
ferro, lettore CD, CD
iron, CD-player, CD
sedie cad. / each chair: 210 x 50 x 50 cm
suono / sound: Giuseppe Gavazza
Galleria Giorgio Persano, Torino, 1998

39
UNTO, 2001
ferro, pinze, pelle, grasso, ferro, marmo
iron, pliers, leather, grease, iron, marble
Château de La Napoule, 2001

40
SENZA TITOLO, 1990
ferro, ottone, lino, cera, marmo
iron, brass, linen, wax, marble
210 x 210 cm

41
FREDDO, 1988-89
(particolare / detail)
ferro, piombo, lino, cera, gesso,
iron, lead, linen, wax, plaster
dimensioni ambiente / variable dimensions

42
SUEÑO, 1996
ferro, stoffa, carta
iron, fabric, paper
gabbia / cage: 150 x 150 x 30 cm; sedia / chair: h. 80 cm
Galería Oliva Arauna, Madrid, 1996

43
N-ODI, 1998
ferro
iron
210 x 300 x 60 cm
Galleria Giorgio Persano, Torino, 1998

44
FERITOIE. RAMMENDI, 1992
legno, ferro, cera, lino, filo
wood, iron, wax, linen, thread
60 x 65 x 144 cm
Ileana Tounta Contemporary Art Center, Athens, 1992

45
SENZA TITOLO, 1987
ferro, cera, catrame, oro
iron, wax, tar, gold
h. 145 cm x Ø 300 cm

46
FERITOIE. RAMMENDI, 1994
Galerie Patricia Schwarz, Stuttgart, 1994

47
IL CILINDRO, LA TORRE, I CARRELLI, I FUOCHI, 1987
(particolare / detail)
ferro, piombo, corda incatramata, ottone, argilla, catrame,
fuochi
iron, lead, tarred rope, brass, clay, tar, fire
Riserva di Vendicari, Siracusa, 1988

48
PASTO SORDO, 1988-1989
tavolo di ferro, barre di ferro, ciotole, formelle (ferro, gesso,
cera)
steel table, iron beams, bowls, icons (iron, plaster, wax)
dimensioni ambiente / variable dimensions
Galleria Giorgio Persano, Torino, 1989

49
FERITOIE, 1991
ferro, legno, cera, feltro, raso
iron, wood, wax, felt, satin
250 x 200 x 200 cm
Galleria Giorgio Persano, Milano, 1991

50
FERITOIE. RAMMENDI, 1993
legno, foto, cera, oro, tela nera, tela bianca
wood, photos, wax, gold, black fabric, white fabric
dimensioni ambiente / variable dimensions
Galleria Giorgio Persano, Torino, 1993

51
LA STANZA SORDA, 1993
ciotole di alluminio, stoffa nera, raso nero
aluminium bowls, black fabric, black satin
dimensioni ambiente / variable dimensions (ciotole / bowls:
Ø 20 cm)
Galleria Giorgio Persano, Torino, 1993

52
N-ODI, 1994
falci, tavolo in ferro, pergamene (tecnica mista)
sickles, iron table, rolls (mixed media)
tavolo / table: 114 x 60 x 300 cm
Galería Oliva Arauna, Madrid, 1994

53
FERITOIE, 1994
falce, tela nera, sedie siciliane, pinze, pelle
sickle, black fabric, Sicilian chairs, pliers, leather
Palazzo de Lorenzo, Gibellina, 1994

54
FERITOIE. RAMMENDI, 1993
legno, foto, cera, oro, tela nera, tela bianca
wood, photos, wax, gold, black fabric, white fabric
dimensioni ambiente / variable dimensions
Galería Luis Adelantado, Valencia, 1994

55
FERITOIE, 1991
testo su bande oro
text on gold bands
300 x 600 cm
Galleria Giorgio Persano, Milano, 1991

56
FERITOIE. RAMMENDI, 1992
tufo, ferro
turf, iron
case popolari, Gibellina, 1992

57
PASTO SORDO, 1988
(particolari / details)
ferro, gesso, cera, alluminio, peltro, rame, raso
iron, plaster, wax, aluminium, pewter, copper, satin

58
MEMORIA, 1988
gesso, lino bianco, raso bianco
plaster, white linen, white satin
50 x 50 x 10 cm

59
FERITOIE. RAMMENDI, 1993
(particolare / detail)
legno, foto, cera, oro, tela nera, tela bianca
wood, photos, wax, gold, black fabric, white fabric
dimensioni ambiente / variable dimensions

60
IL CILINDRO, LA TORRE, I CARRELLI, I FUOCHI, 1987
(particolare / detail)
ferro, piombo, corda incatramata, ottone, argilla, catrame,
fuochi
iron, lead, tarred rope, brass, clay, tar, fire
Riserva di Vendicari, Siracusa, 1988

61
N-ODI, 1998
CD

62
Lorenza Romano

63
Foro Siracusano - Porto Grande / Syracusan Forum - The
harbour, Siracusa

BIOGRAFIA
BIOGRAPHY

ALFREDO ROMANO
Siracusa, 1948.
Vive e lavora a Siracusa e Torino.
Syracuse, 1948.
Lives and works in Syracuse and Turin.

MOSTRE PERSONALI *ONE-MAN SHOWS*

1985
Energie per quadri che non sono solo quadri, Centro
d'Arte Contemporanea, Siracusa

1986
Galleria Giorgio Persano, Torino
Forum, Zürich, Galleria Giorgio Persano, Torino

1987
Spazio Invenzione, Galleria Giorgio Persano, Torino
Galería Montenegro, Madrid

1988
Galeria Nota Bene, Cadaqués

1989
Galleria Giorgio Persano, Torino

1990
Calore, Galleria Arco di Rab, Roma

1991
Feritoie, Galleria Giorgio Persano, Milano
Galleria Atrium, Biella

1992
Feritoie, Ileana Tounta Contemporary Art Center, Athens

1993
Feritoie Rammendi, Galleria Giorgio Persano, Torino
Convitto, Eremo Santa Caterina, Rio nell'Elba, Livorno

1994
Galleria Studio Oggetto, Milano
Feritoie Gibellina, Case Di Stefano, Gibellina, Trapani
Galerie Patricia Schwarz, Stuttgart
Nodi, Galería Oliva Arauna, Madrid

1995
Feritoie Catania, Galleria Gianluca Collica, Catania

1996
Sueño, Galería Oliva Arauna, Madrid

1997
N-ODI, Galleria Civica, Siracusa
Sonno, Galleria Arco di Rab, Roma

1998
N-ODI, A. Romano e G. Gavazza, Galleria Giorgio
Persano, Torino
Feritoie, Galleria Civica, Siracusa

2001
Unto, Château de La Napoule, Mandelieu-La Napoule
Galleria civica d'arte contemporanea Montevergini,
Siracusa

MOSTRE COLLETTIVE *GROUP SHOWS*

1985
Centro d'Arte Contemporanea, Siracusa

1986
Arte e Alchimia, XLII Biennale di Venezia (a cura di A.
Schwarz)

1988
Pittori & Pittori, Fondazione Bevilacqua La Masa,
Venezia
Verso Levante, Riserva di Vendicari, Siracusa

1989
Numerevoli Possibilità, Galleria Arco di Rab, Roma

1990
Realismi, Galleria Giorgio Persano, Torino
Artedomani 1990 Punto di Vista, Ex Ospedale San
Matteo degli Infermi, Spoleto, Perugia
Realismi, Ileana Tounta Contemporay Art Center, Athens
Intuizioni nello spazio. Due possibilità reali e sognate,
"La Salerniana", Erice, Trapani (a cura di R. H. Fuchs)

1991
Ottanta Novanta, Monastero dei Benedettini, Monreale,
Palermo
Atti, Villa Reimann, Siracusa
10 artisti giusti, Galleria Atrium, Biella
Parallele. Linee della scultura contemporanea, Galleria
Gian Ferrari Arte Contemporanea, Milano

1992
Biennale di Gubbio, Perugia
Kalenarte, Casacalenda, Campobasso
Paesaggio con Rovine, Gibellina (a cura di A. Bonito
Oliva)
Spazio Invenzione, Galleria Giorgio Persano, Torino

1993
Milos Center, Salonicco
Utopia del possibile tra America ed Europa, Teatro Carlo
Felice, Genova (a cura di E. Pedrini)

1994
International Meeting on Sculpture, Delphi (a cura di S.
Papa)
9 artistes italiens entre images et matière, Centre
International d'Art Contemporain de Montréal, Montréal
(a cura di S. Parent)
Romano, Ferrara, Muskardin, Galería Luis Adelantado,
Valencia
Vollie Runde, Galleria Kubinski, Stuttgart
Disegno italiano del '900, Termoli, Campobasso (a cura
di F. Gallo)

1995
Feritoie Anima Mundis, X Gallery, Athens (a cura di S.
Papa)
Contemporaneamente, Castello di Baia, Napoli (a cura
di C. Casorati)

1996
Artisti in pedana, Electronic Art Café, Lingotto, Torino (a
cura di A. Bonito Oliva)
Contemporaneamente, Ileana Tounta Contemporary Art
Center, Atene (a cura di C. Casorati)
Signo, Chiesa dell'Annunziata, Palazzolo Acreide,
Siracusa (a cura di F. Gallo)

1997
Riciclart, Ex Mattatoio, Roma (a cura di G. Stella)
Cool Memories, Galerie Lola Nikolaou, Thessaloniki (a
cura di S. Papa)
Festival Internacional de Arte, Medellin, Colombia
Transformación, Fundación Marcelino Botín, Santander
(a cura di O. Arauna)
Kalenarte 97, Galleria Civica d'Arte Contemporanea,
Casacalenda, Campobasso

1998
Painters-Painting, Berlin Tokyo Gallery, Berlin
Painters-Painting, Centro d'Arte Contemporanea,
Malmö
I Percorsi del Sublime, Albergo delle Povere, Palermo
(a cura di A. Bonito Oliva)
Tracce significanti. Arte italiana oggi, Gazi, Athens
(a cura di K. Koskina e F. Fanelli)

1999
Spazi dell'anima, Convento dei Cappuccini, Caraglio,
Cuneo (a cura di T. Conti)

2000
… l'essenziale è invisibile agli occhi…, Palazzo
Mazziotti, Caiazzo, Caserta (a cura di E. Gluckstein)

2001
Chairs in Contemporary Art, Civici Musei del Castello di
Udine (a cura di A. Kohlmeyer)

62 Lorenza Romano

PAGINE SEGUENTI / FOLLOWING PAGES
63 Foro siracusano - Porto grande
Syracusan Forum - The Harbour, Siracusa

BIBLIOGRAFIA (SELEZIONE)
BIBLIOGRAPHY (SELECTION)

CATALOGHI (MOSTRE PERSONALI) *CATALOGUES (ONE-MAN SHOWS)*

Castello, M.: "Il luogo dell'arca", testo per "L'Opera al Nero" di Alfredo Romano. Galleria Giorgio Persano, Torino 1986
Casorati, C.: "Alfredo Romano", in *Alfredo Romano*. Galleria Giorgio Persano, Torino 1990
Casorati, C.: "Feritoie", in *Convitto*. Ass. Cult. Catarsi a Villa Reimann, Siracusa 1991
Iovane, G.: "Atti", in *Atti*. Ass. Cult. Catarsi a Villa Reimann, Siracusa 1991
Garcia, A.: "Feritoie", in *Alfredo Romano*. Galeria Luis Adelantado, Valencia 1994
Casorati, C.: "Feritoie", in *Alfredo Romano*. Galleria Giorgio Persano, Torino 1996
Gallo, F.: "Tautologie: cronos, lutto, rabbia, memoria, meccanica", ibid.
Garcia, A.: "Feritoie", ibid.
Iovane, G.: "Feritoie, Milano 1991", ibid.
Papa, S.: "Alfredo Romano brillante o oscuro?", ibid.
Pedrini, E.: "Alfredo Romano", ibid.

CATALOGHI (MOSTRE COLLETTIVE) *CATALOGUES (GROUP SHOWS)*

Arte e Alchimia. XLII Esposizione internazionale d'arte. La Biennale di Venezia, mostra a cura di A. Schwarz. XLII Biennale di Venezia, giugno-settembre 1986 (Milano, Electa, 1986)
Luoghi dell'atopia, mostra a cura di M. Vescovo. Palazzetto Eucherio Sanvitale, Parma 1987 (Milano, Nuove Edizioni Mazzotta, 1987)
Pittori e pittori, mostra a cura di T. Toniato. Galleria Bevilacqua La Masa, Venezia 1988 (Milano, Mazzotta Editore, 1988)
Verso levante, mostra a cura di M. Di Stefano. Riserva di Vendicari, Siracusa 1988 (Siracusa, ZangaraStampa, 1988)
Casorati, C.: "Effetto reale", in *Realismi*. Contemporary Art Ileana Tounta, Atene - Giorgio Persano, Torino 1990
Fuchs, R. H.: "Intuizioni nello spazio", in *Aldo Ferrara Alfredo Romano Intuizioni nello spazio. Due possibilità reali e sognate*. La Salerniana, ex Convento S. Carlo, Erice 1990 (Milano, Electa, 1990)
Artedomani 1990 punto di vista. Incontri Internazionali d'Arte, Roma - Galleria Comunale d'Arte Moderna, Spoleto 1990 (Milano, Fabbri Editori, 1990)
Ferri, P.: "Autentico movimento – inconfutabili spostamenti della giovane arte italiana", in *Ottanta Novanta*, mostra a cura di F. Gallo. Comune di Monreale 1991 (Milano, Nuova Prearo Editore, 1991)
Parallele. Linee della scultura contemporanea, mostra a cura di F. Gallo. Galleria Gian Ferrari Arte Contemporanea, Milano 1991 (Milano, Gian Ferrari Arte Contemporanea Edizioni, 1991)
Paesaggio con Hovine, mostra a cura di A. Bonito Oliva. Fondazione Orestiadi, Gibellina 1992 (Gibellina, Edizioni Fondazione Orestiadi, 1992)

Ferri, P.: *1° Premio Arte Contemporanea - Kalenarte*. Casacalenda 1992 (Perugia, Guerra Edizioni, 1992)
Pedrini, E.: *Utopia del possibile fra America ed Europa* (Napoli, ed. Mediterranee, 1993)
Garcia, A.: "Feritoie", in *Alfredo Romano Aldo Ferrara Anna Muskardin*. Galeria Luis Adelantado, Valencia 1994
Contemporaneamente, mostra a cura di C. Casorati. Castello di Baia, Napoli 1995 (Napoli, Edizioni CUEN, 1995)
Signo. Chiesa dell'Annunziata, Palazzolo Acreide, 1996 (Gibellina, Edizioni Fondazione Orestiadi, 1996)
Martínez, R.: "Hacer más habitables los espacios del mundo", in *Transformación*. Villa Iris, Fundación Marcelino Botín, Santander 1997
Stella, G.: "Arte del riciclaggio al mattatoio", in *Riciclart: arte e riciclaggio al mattatoio*. Ex Mattatoio, Roma 1997 (Roma, Associazione culturale CREAR, 1997)
Cool Memories, mostra a cura di S. Papa . Galerie Lola Nikolaou, Salonicco 1997
Museum. Osservatorio dell'Arte Contemporanea in Sicilia. Museum artecontemporanea, Bagheria 1997
Memoria 1997. Fundación Marcelino Botín, Santander 1998
I percorsi del sublime, mostra a cura di A. Bonito Oliva. Parco di Palazzo d'Orléans e Albergo delle Povere, Palermo 1998 (Milano, Edizioni Mazzotta, 1998)
Koskina, K.: "Aspetti del paesaggio artistico dell'Italia di oggi" in *Tracce significanti. Arte italiana oggi*. Edificio ex industriale Gazi, Atene 1998 (Torino, Umberto Allemandi & C., 1998)
Spazi dell'anima, a cura di T. Conti. Convento dei Cappuccini, Caraglio 1999 (Torino, Lindau - Edizione d'Arte, 1999)
Bonito Oliva, A.: *Italia 2000 "Arte e sistema dell'Arte"*, ARCO 2000, Madrid (Milano, Prearo Editore, 2000)
Kohlmeyer, A.: "Qualche domanda sulle sedie d'artista", in *Chairs in contemporary art*. Civici Musei del Castello di Udine 2001 (Ronchi dei Legionari, Editoriale Ergon, 2001)

PERIODICI *REVIEWS*

Sgalambro, M.: "Piccoli pezzi per piccola estetica", *Tema Celeste*, Milano, n.8, maggio 1986
Trini, T.: "Il simulacro dopo l'immagine", *Tema Celeste*, Milano, n.10, gennaio-marzo 1987
Filippelli, P.: "E Vendicari diviene verde studio per scultori", *La Sicilia*, Catania, 24.09.1988
Casorati, C.: "Convitto", New Art International, New York, n.4, estate 1989
Dalesio, G.: "Numerevoli possibilità", *Nike-New Art in Europe*, Münich, ottobre-novembre 1989
Iovane, G.: "In quattro per l'arco", *Trova Roma, La Repubblica*, 15.07.1989
Casorati, C.: "Realismi", *Arti*, n.1, settembre-ottobre 1990

Mammì, A.: "Alfredo Romano - Galleria Arco di Rab", *Artforum*, New York, n.2, ottobre 1990
Iovane G.: "Alfredo Romano - Feritoie", *Arte Factum*, Antwerpen, n.41, novembre-dicembre 1991 / gennaio 1992
Casorati, C.: "Convitto", *Art in Italy*, Verona, Anno 1, n.2, II° semestre 1993
Iovane, G.: "Alfredo Romano", *Segno*, Pescara, n.126, estate 1993
Mistrangelo, A.: "Se il convento ispira l'artista", *La Stampa*, Torino, 11.07.1993
Piqué, F.: "Alfredo Romano", Flash Art, Milano, n.177, estate 1993
Conti V.: "Utopia del possibile fra America e Europa", *Flash Art*, Milano, n.181, febbraio 1994
Galiana, A.: "Caprichos italianos", *Diario 16*, Valencia, 6.11.1994
Heartney, E.: "Art Today", *Arti*, Atene, vol.22, novembre-dicembre 1994
Parent, S.: "Neuf artistes italiens. Entre image et matière", *Les Cent jours d'Art Contemporain*, Montréal, settembre-novembre 1994
Neri, G.: "Alfredo Romano", *Quaderni di S. Caterina*, Edizioni S. Caterina, n.5, luglio 1996
Fernander, A.: "Identidades transformadas", *ABC de las Artes*, Santander, 29.08.1997
Rodriguez, G.: "La transformación de Villa Iris", *El Diario Montanès*, Santander, 29.08.1997
Chiodi, S.: "Alfredo Romano", *Tema Celeste*, Milano, gennaio-marzo 1998
Conti, T.: "Alfredo Romano", *Tema Celeste*, Milano, n.69-70, luglio-settembre 1998
Curto, G.: "Le gabbie sonore di Alfredo Romano", *TorinoSette, La Stampa*, Torino, 19/25.06.1998
Curto, G.: "I percorsi del sublime", *Flash Art*, Milano, n.212, ottobre-novembre 1998
Pedrini, E.: "Il possibilismo europeo", *Segno*, Pescara, n.161, marzo-aprile 1998
"L'Italia contemporanea: una e divisibile", *Il Giornale dell'Arte*, Torino, n.171, novembre 1998
Pedrini, E.: "Territori del possibile", *Juliet*, Trieste, n.93, giugno 1999
Pedrini, E.: "Territories of possibilism", *NY Arts magazine*, international edition, New York, vol.4, n.10, ottobre 1999
Pedrini, E.: "Alfredo Romano", *Segno*, Pescara, n.178, aprile-maggio 2001
Pedrini, E.: "Alfredo Romano au Château de La Napoule", *Art Jonction Le Journal*, Nice, n.27, marzo-aprile 2001
Tomarchio, R.: "Alfredo Romano in Francia installa Unto", *La Sicilia*, Catania, 19.04.2001
Toscano, M.: "Alfredo Romano in mostra dopo 17 anni. Galleria civica di Montevergini", *Giornale di Sicilia*, Palermo, 26.01.2002
"Una madonnina a Montevergini", *La Sicilia*, Catania, 20.01.2002
"Alfredo Romano", *Juliet*, Trieste, n.106, febbraio 2002

INDICE
INDEX

9   *Salvatore Lacagnina*

11   *Salvatore Lacagnina*

12   A MADONNA SUSPENDED IN MIDAIR.
ALFREDO ROMANO IN SYRACUSE
Agnes Kohlmeyer and Alfredo Romano

13   UNA MADONNA SOSPESA A MEZZ'ARIA.
ALFREDO ROMANO A SIRACUSA
Agnes Kohlmeyer e Alfredo Romano

50   ALFREDO ROMANO
AND THE NON FEASIBILITY OF THE "POSSIBLE"
Enrico Pedrini

51   ALFREDO ROMANO
E L'INATTUABILITÀ DEL "POSSIBILE"
Enrico Pedrini

60   THE DIALOGUE OF LIGHT WITH OBSCURITY
Elio Cappuccio

61   IL DIALOGO DELLA LUCE CON L'OSCURITÀ
Elio Cappuccio

78   THE POST-MODERN COURSE OF HISTORY. LIFE'S MATERIAL AND SPIRITUAL QUALITIES.
DISCOVERING THE ARTIST'S ROOTS AND WORK. COMMENT FOR ALFREDO ROMANO
Francesco Gallo

79   POSTMODERNO CAMMINO DELLA STORIA. MATERIALITÀ E SPIRITUALITÀ DELLA VITA. SCOPERTA
DELLE RADICI E OPERA DELL'ARTISTA. COMMENTO PER ALFREDO ROMANO
Francesco Gallo

87   N-ODI
Luciana Galliano, Giuseppe Gavazza

88   ELENCO DELLE OPERE
LIST OF WORKS

90   BIOGRAFIA
BIOGRAPHY

91   BIBLIOGRAFIA (SELEZIONE)
BIBLIOGRAPHY (SELECTION)

finito di stampare nell'aprile 2002 da Garabello Artegrafica, San Mauro (To)